ELEONORE JACOBI

NUMERLOLOGIE

Schicksalszahlen erkennen
und die Kraft der Zahlen nutzen

W0212901

südwest

Inhalt

Die Zahlen haben großen Einfluss auf die Persönlichkeit eines Menschen.

Einführung

Was ist Numerologie? Sie ist die uns überlieferte uralte Weisheit der Deutung unserer Geburtszahlen und damit der Deutung unseres Schicksals.
Die griechische Philosoph Pythagoras hat den Zahlen ihre Qualitäten zugeordnet; diese werden in diesem Buch als Deutungssystem angewendet. Über diese Kunst hat uns bereits Herodot, ein griechischer Weltenbummler in der Antike, aus dem alten Ägypten berichtet.
Numerologie erlaubt uns, unsere individuellen Geburtszahlen auszuwerten, jeder Zahl ihre eigene emotionale Qualität und Energie zuzuordnen und damit unsere ureigenste Persönlichkeit zu erkennen. Auf diese Weise können wir uns die Frage »Wer sind wir?« beantworten.
Die Zahlen Ihres Geburtsdatums sind das Spiegelbild Ihrer Selbst. Sie zeigen Ihre Stärken und Schwächen, Eigenschaften und Talente. Sie sind Ihr immerwährender Wegbegleiter und nehmen Einfluss auf Ihren gesamten Lebensweg.
Numerologie ist heute noch so relevant wie vor tausenden von Jahren. Die Zahlen Ihres Geburtsdatums öffnen die Tür zu einem größeren Selbstverständnis und geben Ihnen damit die Chance, sich und Ihre Bedürfnisse besser zu verstehen. Durch die Analyse von Geburtsdaten lernt man aber auch, die Bedürfnisse anderer Menschen besser zu verstehen.
Unser Geburtsdatum enthält alle Informationen über unseren Charakter und den Lebensweg, den wir uns gewählt haben. Es ist wie ein Fenster in eine für uns unsichtbare und doch reale Welt. Es bleibt jedoch jedem Einzelnen überlassen, sich dieser angebotenen Hilfe zu bedienen und dieses Fenster zu größerem Verständnis und Wissen für sich und für andere zu öffnen.

Numerologie und die Partnerschaft

Durch einen direkten Vergleich zeigt uns das Geburtsdatum anderer Menschen, welche Gemeinsamkeiten uns mit ihnen verbinden und welche Unterschiede uns trennen. Wie oft haben Sie schon gehört: »Wenn ich das kann, muss er oder sie es doch auch können.« Aber warum sind Sie so sicher, dass es so sein muss? Ist vielleicht die Person, von der Sie die gleiche Einstellung und die gleichen Fähigkeiten wie Ihre eigenen erwarten, mit ganz anderen

Grundvoraussetzungen in dieses Leben gekommen?
Wenn Sie Ihre Geburtszahlen mit den Geburtszahlen Ihres Partners vergleichen, werden Sie erkennen, wo die Gemeinsamkeiten und wo die Differenzen in Ihrer Partnerschaft liegen. Numerologie gibt Auskunft, warum Sie sich ohne viele Worte verstehen, und wo und warum mehr Toleranz geübt werden sollte, um eine Partnerschaft harmonischer zu gestalten. Größeres Wissen, warum es Gegensätze gibt, und woher sie kommen, zeigt jedem die Chance zu einer glücklicheren Gemeinsamkeit.

Numerologie und Kinder

Eltern gehen gerne davon aus, dass ihre Kinder so sind wie sie selbst. Sie finden sich bestätigt, wenn sie sich mit einem ihrer Kinder hervorragend verstehen, aber suchen den Fehler bei sich oder bei dem Kind, wenn es nicht so ist.
Numerologie erlaubt Ihnen, auf einen Blick zu erkennen, welche Eigenschaften Ihr Kind mit Ihnen teilt, und wo diese grundsätzlich verschieden sind. Numerologie gibt Eltern die Chance, durch größeres Verständnis besser auf ihre »schwierigen« Kinder einzugehen und mit ihnen harmonischer zusammenzuleben, denn geliebt werden möchten Kinder wie auch Eltern. Das Gleiche gilt natürlich auch für Kinder, die mit ihren Eltern nur sehr schwer zurechtkommen. Zu wissen, warum, ist der erste Weg zu besserem Verständnis.

Numerologie und der Arbeitsplatz

Verstehen Sie sich mit all Ihren Kollegen? Wenn nicht – warum nicht? Sehen Sie sich Ihr Geburtsdatum und das Ihrer Kollegen an. Sind Ihre Geburtszahlen ähnlich oder völlig anders? Je ähnlicher sich Ihre Geburtsdaten sind, umso besser stehen die Chancen, dass Sie sich mit Ihren Kollegen verstehen werden.

Numerologie und der Name

Der Name bestimmt, welche Schwerpunkte Sie setzen und welche Eigenschaften Sie besonders hervorheben. Da der Name variabel ist, kann sich dieser Schwerpunkt im Laufe eines Lebens ändern, beispielsweise bei einer Heirat.
Es ist deshalb sehr wichtig, dass man sich vor einem Namenswechsel genau informiert, welche Einflüsse sich ändern, verstärken oder hinzukommen

werden. Ein solcher Namenswechsel kann von großer Tragweite in Ihrem Leben sein.

Der Name und das neue Jahrtausend

Kinder, die jetzt geboren werden, können ein sehr einseitiges Geburtsdatum haben, z. B. den 2.1.2001. Dieses Geburtsdatum beinhaltet nur die Charakteristika und Veranlagungen der 1 und der 2 und als Quersumme die der Lebenszahl 4. Ein gut gewählter Name kann hier sehr viel ausgleichen, doch darüber sollte erst wirklich entschieden werden, wenn das endgültige Geburtsdatum feststeht.

Numerologie und der Lebensweg

Die Zahlen in Ihrem Geburtsdatum begleiten Sie Ihr ganzes Leben lang, einerseits als Hinweis auf Ihre Persönlichkeit, aber auch als Hinweis auf Ihre Zukunft. Ihr Geburtsdatum gibt Ihnen zum einen jedes Jahr eine persönliche Zahl, die Ihnen einen Einblick auf die Schwerpunkte, die in diesem Jahr anstehen, erlaubt, zum anderen Dachzahlen, die in eine Lebenspyramide eingetragen werden; diese geben Hinweise auf kommende Veränderungen und zeigen Ihnen, unter welchen Einflüssen Sie eine bestimmte Zeit Ihres Lebens verbringen werden. Leben heißt lernen, und die Zahlen in Ihrem Geburtsdatum zeigen Ihnen, welche Lektionen Sie sich in Ihrem Leben als Schwerpunkte ausgesucht haben.

Numerologie und die Aussage für die Zukunft

Oft möchte man wissen, wie die persönliche Zukunft aussieht. Was sagt die Numerologie dazu aus? Wie Sie erfahren werden, gibt Ihnen die Numerologie die Themen an, die Sie auf Ihrem Lebensweg begleiten werden. Ich bin der Ansicht, dass wir uns alle unseren Weg, den wir auf dieser Welt gehen wollen, aussuchen, d. h., wir setzen uns einen Rahmen, in dem wir leben und agieren wollen. Diesen Rahmen zeigt Ihnen die Numerologie, vor allem durch die Erkenntnis der eigenen Persönlichkeit, also der Charaktereigenschaften, vielfältig oder auf nur einige wenige ausgeprägte Persönlichkeitszüge konzentriert – sie werden durch das Geburtsdatum und »differenzierter« auf dem Numerologischen Quadrat angegeben. Dazu überlassen wir es unseren Eltern, uns unseren Namen und die damit verbundenen Eigenschaften hinzuzufügen. Dies ist der Kreis, in dem wir uns als Persönlichkeit bewegen.

Das bedeutet aber nicht, dass unsere Chancen, das Beste im Leben zu erreichen, eingeschränkt sind, vielmehr, dass wir die mitgebrachten Veranlagungen und die von unseren Eltern mitgegebenen Eigenschaften zur Ausschöpfung unseres ganzen Potenzials nutzen sollten. Doch erst, wenn wir erkennen, womit wir uns in unserem Leben auseinander setzen müssen, kann es uns gelingen, unser Potenzial auszuschöpfen. Die bildliche Darstellung der Numerologie ist ein äußerst hilfreiches Mittel dazu. Der Lebensweg, ausgedrückt durch die Dachzahlen, und die Persönlichen Jahre bestimmen, unter welchen Einflüssen wir eine bestimmte Zeit unseres Lebens verbringen werden. Die Numerologie zeigt dabei wunderbar auf, dass alles wandelbar ist. Die Dachzahlen gehen von 1 bis 9, und abhängig von Ihrem Geburtsdatum suchen Sie sich in diesem Rahmen Ihre Erfahrungen aus, begleitet von den Persönlichen Jahren, die von 1 bis 9 gezählt werden.

Dies bedeutet, dass nach dem Persönlichen Jahr 9 ein Neuanfang, eine Neuorientierung immer möglich ist. Manchmal muss man schwierige Zeiten durchstehen, weil man sie sich möglicherweise als Lebensweg ausgesucht oder durch eigene Einstellung und Umstände geschaffen hat, aber wie Sie durch Ihre schwierigen Zeiten hindurchgehen – das liegt an Ihnen.

Erst wenn wir uns selbst kennen, können wir unser Potenzial voll ausschöpfen. Die Numerologie hilft uns dabei.

Wie erstelle ich ein Numerologieprofil?

Anhand eines Beispiels (siehe Brigitte Schumann, unten) möchte ich Ihnen zeigen, wie die Zahlen in einem Geburtsdatum in ein Numerologisches Quadrat eingetragen werden, wie eine Lebensnummer ausgerechnet wird, wie Sie in der Lebenspyramide in Form der Dachzahlen Ihren Lebensweg bestimmen, und wie ein Name in Zahlen umgewandelt und anschließend ausgewertet wird.

Brigitte Schumann, geboren am 21.4.1963

Die Persönlichkeit

Der Lebensweg

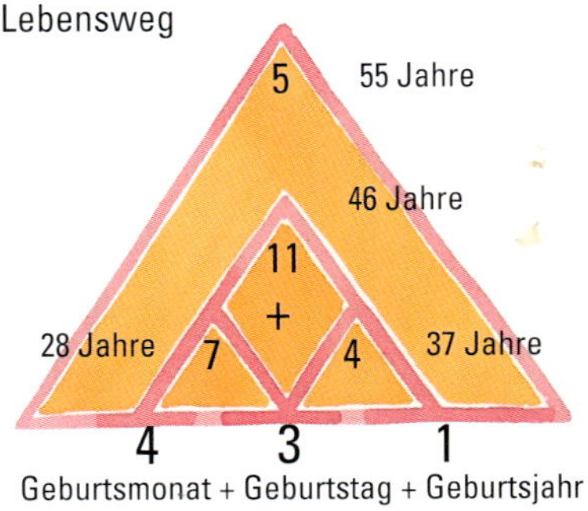

Um Ihnen den Einstieg so einfach wie möglich zu machen, habe ich die Zahlen der Brigitte Schumann in der Vorlage auf Seite 12 eingetragen, so dass Sie genau verfolgen können, wie diese Zahlen errechnet werden, und wie man sie zur schnellen Übersicht aufschreibt.

Analyse der Persönlichkeit

Alle Ziffern des Geburtsdatums werden auf dem Numerologischen Quadrat einzeln eingetragen. Jede Zahl von 1 bis 9 hat dort ihren festen Platz. Die genauen Angaben dazu finden Sie im Unterkapitel »Das Numerologische Quadrat« (siehe Seite 30 ff.).

Neben dem Numerologischen Quadrat finden Sie drei Kreise, die sich überlappen: einen größeren und zwei kleinere. In den großen Kreis wird die Lebensnummer eingetragen; diese errechnet sich aus der Quersumme des Geburtsdatums, in unserem Beispiel also:

21.4.1963=2+1+4+1+9+6+3=
26=2+6=**8**

8 ist die Lebensnummer der Brigitte Schumann. Die Berechnung der Quersumme wird stets so lange fortgeführt, bis die Zahl einstellig ist. Es gibt natürlich eine Ausnahme: die Zahl 11. Sie bleibt immer als zweistellige Zahl erhalten.

Der Name im Numerologischen Quadrat gibt Ihnen eine Antwort darauf, wie Sie die Veranlagungen aus Ihrem Geburtsdatum nutzen. Jedem Buchstaben ist eine bestimmte Zahlenqualität zwischen 1 und 9 zugeordnet, und aus diesen Zahlen wird eine Seelen- und Motivationszahl sowie eine Ausdrucks- und Talentzahl errechnet.

Die Seelen- und Motivationszahl wird neben dem großen Kreis in den kleinen unteren Kreis, die Ausdrucks- und Talentzahl in den kleinen Kreis darüber geschrieben.

```
  9 9 5     3   1
B r i g i t t e   S c h u m a n n
2 9 7 2 2   1 3 8 4 5 5
```

Seelen- und Motivationszahl (nur Vokale)

9+9+5+3+1=27=2+7=**9**

Ausdrucks- und Talentzahl (alle Buchstaben)

2+9+9+7+9+2+2+5+1+
3+8+3+4+1+5+5=75=
7+5=12=1+2=**3**

Was sagen nun all diese Zahlen aus über den Charakter und die Fähigkeiten der Brigitte Schumann? Sie besagen, dass Brigitte Schumann eine Frau mit praktischen Fähigkeiten (4) ist, eine schnelle Auffassungsgabe (3) besitzt und dass in ihrem Kopf immer Ideen herumspuken (Ebene 1–2–3). Ihre Familie ist ihr besonders wichtig (Ebene 3–6–9), sie ist harmoniebedürftig (6) und hat kreative Fähigkeiten, aber auch Geschäftssinn und Organisationstalent (Lebensnummer 8). Dieses Geburtsdatum zeigt auch, dass sie wahrscheinlich Probleme hat, ihre vielen Ideen in die Tat umzusetzen, denn ihr fehlt die 5 auf dem Numerologischen Quadrat.
Sie kann ihre Gefühle gut ausdrücken (zweimal 1), hat Fingerspitzengefühl (2) und natürliche Intuition.
Ihren Seelen- und Motivationszahl ist die 9, d.h., sie ist hoch motiviert, hat Verantwortungsbewusstsein und kommt mit Menschen gut zurecht. Allerdings ist ihre Ausdrucks- und Talentzahl eine 3, die niedriger ist als ihre Motivationszahl. Frau Brigitte Schumann wird immer mehr Ideen haben, als sie tatsächlich umsetzen kann, denn ihre Talente und Möglichkeiten geben ihr nur drei Möglichkeiten, obwohl dank ihrer Lebensnummer 8 mehr zu erreichen wäre. Sie wird also in ihren Unternehmungen durch die 3 etwas gebremst. Diese Auswertung ergibt die Persönlichkeit mit ihren Veranlagungen und Fähigkeiten. Sie können in den verschiedenen Kapiteln die für Sie und für Ihr Geburtsdatum relevanten Deutungen nachlesen.

Analyse des Lebenswegs

Wie sieht der Lebensweg der Brigitte Schumann aus, d.h., welche Dachzahlen werden in ihrem Leben eine große Rolle spielen?
Dachzahl wird die Zahl genannt, unter deren Einfluss wir viermal in unserem Leben kommen, die den Weg, den wir in unserem Leben gehen müssen, repräsentiert und sich aus dem Geburtsdatum errechnet.
Der Beginn und wann wir unter diesen Einfluss kommen, errechnet sich aus der Meisterzahl 36 minus der Lebensnummer, in unserem Beispiel also 36–8, d.h.: Brigitte Schumann kommt das erste Mal unter den Einfluss einer Dachzahl mit 28 Jahren. Dies wird sich in Abständen von neun Jahren noch dreimal wiederholen.

- Die erste Dachzahl, errechnet aus dem Geburtstag plus Geburtsmonat der Brigitte Schumann, ist die 7 (Quersumme des Geburtstags 2 + 1 = 3 + Monat 4).
- Die zweite Dachzahl errechnet sich aus dem Geburtstag und dem Geburtsjahr und ist die 4: (2+1)=3+(Quersumme 1963= 1+9+6+3=19=1+9)=1.
- Die dritte Dachzahl ergibt sich aus den oben errechneten Summen, sie ist die 11 (7 + 4).
- Die vierte und letzte Dachzahl, unter deren Einfluss Brigitte Schumann für den Rest ihres Lebens bleiben wird, errechnet sich aus der Quersumme Monat plus Jahr und ergibt 5 (4 + 1).

(Für eine genaue Beschreibung der Dachzahlen und ihre Deutung schlagen Sie bitte das Kapitel »Die Lebenspyramide und ihre Dachzahlen«, Seite 66 ff., nach). Im Folgenden werden die oben ermittelten Dachzahlen für den Lebensweg gedeutet.

Was sagt dieser Lebensweg über Brigitte Schumann aus?

Man kann mit Sicherheit sagen, dass der erste Wechsel mit 28 Jahren stattfinden wird, und dass die kommenden neun Jahre ihr emotional sehr viel abverlangen werden (7). Sie könnte beginnen, sich mit der Frage nach dem Sinn des Lebens zu beschäftigen, muss sich aber auch mit Trennungen auseinander setzen sowie den eventuellen Fehlentscheidungen, die sie bis dahin getroffen hat. Dies ist eine wichtige Zeit für sie, ihrem Leben eine neue Richtung zu geben.

Mit 37 ändert sich das Bild, denn jetzt kommt der Wechsel zu einer bodenständigeren Zeit (4). In diesen Jahren hat sie die Möglichkeit, ihre Pläne umzusetzen und auf konkrete, feste Füße zu stellen. Sie wird plötzlich das Bedürfnis nach größerer körperlicher Aktivität empfinden, meldet sich vielleicht in einem Fitnessstudio an oder tritt einem Sportverein bei. Sie wird jedenfalls sehr auf ihre materielle Sicherheit bedacht sein.

Mit 46 Jahren steht sie unter dem Einfluss der 11. (Erinnern Sie sich? Die 11 wird nicht auf eine einstellige Zahl reduziert!) Brigitte Schumann fühlt sich jetzt erst einmal verunsichert, ist sensibel und leicht verletzlich und wird sich auch nicht im Klaren darüber sein, warum sich ihr Leben plötzlich so drastisch verändert hat. Diese 11 verunsichert die Menschen immer sehr. Sie muss sich mit ihrer Sensibilität auseinander setzen und eine neue Harmonie für sich finden.

Mit 55 Jahren ist dieser Einfluss

vorbei, und für Brigitte Schumann kommt jetzt ein Wechsel zu größerer Unruhe (5), schnellen Entschlüssen, Reisen, Umzug. Diese Zeit beginnt sehr dramatisch. Es ist eine Zeit, in der sie plötzlich mehr Durchsetzungskraft bekommt. Jetzt ist sie geneigt, schnelle, spontane Entschlüsse zu treffen, deren Tragweite sie erst sehr viel später übersehen kann.
Wenn ich mir den Lebensweg der Brigitte Schumann ansehe, ist zu erkennen, dass sich ihr Leben einige Male drastisch verändern wird, dass sie aufgefordert ist, sehr viel in ihrem Leben zu lernen.

Dieses Büchlein leitet Sie Schritt für Schritt an, ein solches Beispiel für sich selbst leicht und verständlich zu errechnen, und beschreibt Ihnen in kompakter Form die Hauptmerkmale jeder Zahl.
Kurz noch ein paar grundsätzliche Hinweise, die Ihnen den Einstieg erleichtern:
Lassen Sie sich nicht hindern oder gar abschrecken, sich das wunderbare Wissen der Numerologie anzueignen, weil Sie meinen, es wäre vielleicht viel zu kompliziert, die einzelnen Zahlen auszurechnen.
Ihr Geburtsdatum oder das eines anderen, das Sie vielleicht auswerten möchten – aus welchen Gründen auch immer –, wird, wie an späterer Stelle beschrieben, in ein Numerologisches Quadrat eingetragen, dann einmal als Quersumme ausgerechnet, und damit ist der An-

Sie können sich selbst Schritt für Schritt ein Numerologieprofil erstellen und damit Ihren Lebensweg besser verstehen.

fang bereits gemacht. Sie müssen dann lediglich noch die Deutungen zu den einzelnen Zahlen nachlesen (siehe Seite 18 ff.). Wenn dieser Einstieg einmal gemacht ist, bin ich mir sicher, dass Ihre Neugier so weit geweckt ist, dass Sie sich an die Auswertung des Namens und des Lebensweges machen werden.

Was ist zu beachten?

In der Numerologie werden alle Zahlen – bis auf den Geburtstag und die Zahl 11 – auf eine einstellige Zahl reduziert. Die Veranlagungen, die durch die Zahl 11 repräsentiert werden, sind deutlich anders als die der Zahl 2. Die Null wird als Zahl nicht gewertet, sie verstärkt jedoch jede Zahl, hinter der sie steht.

Wie lese ich ein Geburtsdatum?

Wenn Sie ein Geburtsdatum deuten, beginnen Sie zuerst mit der Deutung der Geburtstagszahl und dann der Monatszahl. Lösen Sie die gesamten Geburtszahlen im Numerologischen Quadrat auf, und rechnen Sie mittels Quersumme die Lebenszahl aus. Diese Informationen in ihrer Gesamtschau geben Ihnen das Spektrum von Veranlagung, Fähigkeiten und Talenten.

Der Name, errechnet als Seelen- und Motivationszahl sowie Ausdrucks- und Talentzahl, bestimmt, welche Schwerpunkte Sie bei den verschiedenen Eigenschaften Ihres Geburtsdatums setzen.
Die Zahlen des Lebensweges zeigen Ihnen die Themen, die Sie einen Teil Ihres Lebens intensiv begleiten werden.
Es ist also sehr wichtig, dass Sie sich immer alle Zahlen mit ihren Deutungen ansehen, um sich ein zutreffendes Gesamtbild zu machen. Eine einzelne Zahl, wie z.B. der Geburtstag, hat ihren Einfluss, aber wie stark oder schwach dieser ist, darüber gibt das Gesamtbild der Zahlen mit Monat, Numerologischem Quadrat und Lebensnummer Aufschluss. Die Jahreszahl Ihres Geburtstags findet ihren Ausdruck zum einen auf dem Numerologischen Quadrat, zum anderen in der Vorschau Ihres Lebensweges. Alle oben angesprochenen Zahlen werden in diesem Büchlein in Stichpunkten erklärt, damit Sie sich jederzeit schnell und umfassend informieren können. (Geburtstagszahlen siehe Seite 18 ff.; Monatszahlen Seite 26 ff.; Lebensnummern Seite 52 ff.; Namenszahlen Seite 62 ff.; Dachzahlen Seite 66 ff.; Persönliche Jahre Seite 72 ff.).

Der Geburtstag

Der Tag der Geburt gibt Ihnen bereits wichtige Hinweise auf Ihre charakterlichen Eigenschaften. Hier werden die Geburtstagszahlen nicht auf eine Zahl reduziert, denn das würde dem Geburtstag nicht gerecht werden. Eine einstellige Zahl eines Geburtstags, z.B. 1 bis 9, sowie die Zahlen 11, 20 und 30 werden von anderen Zahlen nicht mitbeeinflusst, aber ein Geburtstag wie der 23. z.B. hat die Charaktereigenschaften und Einflüsse der Zahlen 2, 3 und 5 (die Quersumme 2 + 3 = 5). Menschen mit einem zweistelligen Geburtstag haben deshalb mit allen Einflüssen zu tun, die diese Zahlen des Geburtstags repräsentieren und die oft ganz gegensätzlich sein können.
An dieser Stelle möchte ich noch einmal hervorheben, dass es wichtig ist, sich immer das gesamte Geburtsdatum anzusehen und nicht nur eine Zahl.

Die Geburtstagszahlen

Geburtstagszahl 1

Diese Menschen besitzen Unabhängigkeit, Zielstrebigkeit, Selbstvertrauen, Ehrgeiz und Willensstärke. Sie sind eher Einzelgänger als Teil einer Gruppe.

Die Kehrseite
Wenn sie ihre negativen Eigenschaften ausleben, dann sind es übertriebener Egoismus, Arroganz – sie sehen nur den eigenen Standpunkt. Sie laufen auch Gefahr, zum Einsiedler zu werden.

Geburtstagszahl 2

An diesem Tag Geborene sind intuitiv, hilfsbereit, anpassungsfähig, freundlich, diplomatisch. Sie lachen gerne und stellen die Interessen der Familie über die eigenen.

Die Kehrseite
Sie lassen sich sehr leicht ausnutzen, besitzen zu wenig Durchsetzungsvermögen; es mangelt ihnen an Selbstvertrauen, und sie neigen dazu, vor allem bei Schwierigkeiten hoch emotional zu sein.

Geburtstagszahl 3

An einem solchen Tag Geborene besitzen einen schnellen Verstand, sind charmant, enthusiastisch, kreativ und gute Gesellschafter. Sie lieben Abwechslung – nur keine Langeweile!

Die Kehrseite
Sie bringen ungern eine Sache zu Ende und langweilen sich sehr

schnell. Es fehlt ihnen das Stehvermögen, sie sind zu sprunghaft. Sie können verbal sehr verletzend sein, vor allem wenn eine 2 im Geburtsdatum fehlt.

Geburtstagszahl 4

Diese Menschen sind praktisch veranlagt, sie arbeiten hart, sind solide und zuverlässig. Für sie muss alles Hand und Fuß haben. Sie wollen immer genau wissen, wohin der Weg führt, ehe sie ihn begehen.

Die Kehrseite
Sie verbeißen sich im Detail und schaffen sehr viel Stress. Das Selbstvertrauen knickt immer wieder ein.

Geburtstagszahl 5

Menschen, die an einem solchen Tag geboren sind, lieben die Freiheit, Unabhängigkeit und Abwechslung. Sie sind freundlich, können sich durchsetzen und sind äußerst reiselustig. Sie vertragen die gesetzten Grenzen nur sehr schlecht.

Die Kehrseite
Es fällt ihnen schwer, eine Partnerschaft zu erhalten. Sie sind dominant, unruhig, ungeduldig und übernehmen keine oder nur ungern Verantwortung für das eigene Handeln.

Geburtstagszahl 6

Solche Menschen lieben den Frieden, sind harmoniebedürftig, verständnisvoll, liebevoll, sehr familienbewusst und lieben das Schöne. Sie reagieren stark emotional, und sie sind sensibel, oftmals auch eher unkonventionell und kreativ.

Die Kehrseite
Es fehlt ihnen an Selbstbewusstsein, sie sind unsicher und neigen zum Klammern. Sie vermeiden Konfrontationen jeder Art, gehen lieber schlechte Kompromisse ein.

Geburtstagszahl 7

An einem solchen Tag Geborene bauen auf Selbsterfahrung, sind sozial eingestellt, und viele besitzen einen ausgeprägten Gerechtigkeitssinn. Sie lieben auch den großen Auftritt. Viele dieser Menschen sind in sozialen Berufen zu finden.

Die Kehrseite
Sie sind zu sehr auf sich und ihre Wünsche fixiert, stur und intolerant. Sie suchen ständig nach Bestätigung.

Geburtstagszahl 8

Menschen, die an einem 8. geboren sind, sind kreativ. Viele besitzen einen guten Geschäftssinn, sind logische Denker, gut organisiert, ehrgeizig, selbstbewusst, realistisch. Sie benötigen für sich immer wieder eine Auszeit.

Die Kehrseite
Sie sind zu materialistisch eingestellt und neigen zu Depressionen, da sie die Welt eher negativ betrachten. Sie gehören zu den Menschen, die ein Glas eher halb leer als halb voll sehen.

Geburtstagszahl 9

An einem solchen Tag Geborene sind sehr verantwortungsbewusst, tolerant, großzügig und immer hilfsbereit. Sie bestechen durch klaren Verstand und analytisches Denken.

Die Kehrseite
Sie lassen sich und ihre Hilfsbereitschaft viel zu leicht ausnützen, denn es fällt ihnen schwer, sich abzugrenzen. Sie übernehmen sich oft und können sehr stur sein.

Geburtstagszahl 10

Wie der 1. gibt dieser Geburtstag den Menschen Unabhängigkeit, Charakterstärke, Verlässlichkeit. Sie sind Individualisten mit Willensstärke und Selbstbewusstsein. Sie sind lieber selbstständig als angestellt. Sie müssen allein sein können.

Die Kehrseite
Großer Egoismus und Materialismus treten hervor. Sie sind in ihren persönlichen Belangen sehr verschlossen, neigen zum Einzelgängertum.

Geburtstagszahl 11

Dieser Geburtstag gibt den Menschen erhöhte Sensibilität und Einfühlungsvermögen. Sie sind kreativ, phantasievoll, kommunikativ, talentiert und sollten das bei der Berufswahl mit in Erwägung ziehen.

Kehrseite
Sie sind hypersensibel, schnell gekränkt, hinterhältig.

Geburtstagszahl 12

An einem 12. Geborene sind innovativ, zielstrebig, intuitiv, neugierig und gehen gerne auf Menschen zu. Sie sind häufig vielseitig und spontan, denn sie vereinen in ihrem Geburtsdatum die Qualitäten der 1, der 2 und die der Quersumme 3.

Die Kehrseite
Sie fahren gefühlsmäßig zu oft Achterbahn und verschwenden ihre Talente. Wenn die 1 im gesamten Geburtsdatum überwiegt, sind sie sehr egoistisch.

Geburtstagszahl 13

Solche Menschen sind gute Organisatoren, demonstrativ, liebevoll. Sie nehmen Verantwortung sehr ernst. Sie sind verlässlich, geistig beweglich, gewissenhaft, und viele sind auch sehr praktisch veranlagt.

Die Kehrseite
Sie sind engstirnig, verrennen sich oft im Detail und sind überkorrekt. Ohne die 2 im Geburtsdatum können sie verbal sehr verletzend sein.

Geburtstagszahl 14

Die an einem 14. Geborenen sind anpassungsfähig und lieben ein gewisses Maß an Eigenständigkeit. Sie sind fleißig, praktisch veranlagt und besitzen Organisationstalent.

Die Kehrseite
Sie sind dominant, kompromisslos, hüpfen von Projekt zu Projekt, ohne wirklich etwas zu Ende zu bringen.

Geburtstagszahl 15

Nach außen hin hart, nach innen weich ist dieser Geburtstag. Diese Menschen sind lieber unabhängig, aber auch verantwortungsbewusst und willensstark. Sie besitzen Durchsetzungsvermögen, und viele reisen gerne.

Der Geburtstag veranschaulicht, wie man sich in seiner Umgebung, in Familie und Umfeld zeigt.

Die Kehrseite
Ihr Egoismus blüht, sie sind nur auf den eigenen Vorteil bedacht und oft rücksichtslos, wenn sie ihre Ziele erreichen wollen.

Geburtstagszahl 16

Diese Menschen sind zweigeteilt: Sie sind harmoniebedürftig und doch unabhängig, behalten Dinge eher für sich und wollen doch die Anerkennung. Sie bauen auf Selbsterfahrung, suchen eine Partnerschaft und gleichzeitig die Unabhängigkeit.

Die Kehrseite
Sie verlieren schnell ihr Selbstbewusstsein und verstecken ihre Unsicherheit hinter Egoismus und Sturheit. Es fällt ihnen schwer, Gefühle zu zeigen oder anzunehmen.

Geburtstagszahl 17

An einem 17. Geborene sind tüchtige, kompetente Leute. Sie sind hilfsbereit mit Rat und Tat – jemand, auf den man sich verlassen kann. Sie sind gut organisiert, und viele haben einen guten Geschäftssinn.

Die Kehrseite
Sie sind intolerant, suchen immer wieder die Selbstbestätigung, am liebsten ist ihnen ein Dauerlob. Sie können auch sehr jähzornig sein.

Geburtstagszahl 18

Solche Menschen sind immer hilfsbereit. Sie zeichnen sich durch logisches Denken aus, besitzen Kreativität und sind sehr verantwortungsbewusst. Es fällt vielen schwer, ihre innersten Gefühle preiszugeben. Auch müssen sie immer wieder alleine sein, um Kraft zu tanken.

Die Kehrseite
Sie können sich nicht abgrenzen und lassen sich ausnützen. Eine materialistische Einstellung hat oberste Priorität in ihrem Leben.

Geburtstagszahl 19

Diese Menschen sind analytische Denker, oft sehr einfallsreich und widerstandsfähig. Sie helfen gerne, verlieren dabei aber ihre Interessen nicht aus den Augen.

Die Kehrseite
Viele empfinden es als schwierig, die gegensätzlichen Eigenschaften des Geburtsdatums (unabhängige 1, verantwortungsbewusste 9) in Einklang zu bringen. Sie sind egoistisch, unterdrücken aber ihre Gefühle.

Geburtstagszahl 20

Die an einem 20. Geborenen sind sehr intuitiv, sie wissen einfach Dinge, ohne selbst zu verstehen, warum. Sie sind hilfsbereit und leben lieber in einer Partnerschaft als alleine. Sie verfügen über ein ausgeprägtes Fingerspitzengefühl, sind diplomatisch und versuchen eine Lösung eher durch Überzeugungskraft als mit Druck herbeizuführen.

Die Kehrseite
Sie reagieren übermäßig auf Stress und neigen zu Depressionen. Sie können sich nicht abgrenzen und lassen sich ausnutzen. Sie sind zu emotional und weltfremd. Es herrscht große innere Unsicherheit.

Geburtstagszahl 21

Diese Menschen sind freundlich, sensibel und intuitiv. Sie streiten nur ungern und lösen Probleme lieber durch Diskussionen als mit Streit. Sie sind verständnisvoll, entspannt, kreativ und schöpfen aus einem großen Vorrat an Ideen.

Die Kehrseite
Sie können sehr emotional sein. Da sie aber nicht gerne streiten, gehen viele einer Aussprache aus dem Weg und schaffen sich erheblichen inneren Frust.

Geburtstagszahl 22

Hier haben wir es mit praktischen, gewissenhaften Menschen zu tun, die über sehr viel Ausdauer und Sensibilität verfügen. Auch sind sie äußerst intuitiv und besitzen sehr viel innere Kraft und inneren Halt. In einer Beziehung können sie vollkommen aufgehen – die richtige Partnerschaft ist das Allerwichtigste für sie im Leben.

Die Kehrseite
Sie sind besitzergreifend und reagieren überemotional, um ihre eigene innere Unsicherheit zu verbergen, vor allem, wenn sie mit der intuitiven Qualität der beiden 2 nicht zurechtkommen.

Geburtstagszahl 23

Am 23. Geborene sind talentiert, vielseitig und besitzen einen schnellen Verstand. Sie sind immer voller Ideen und lieben die Abwechslung. Sie sind gute Gesellschafter, aber auch Menschen mit ausgeprägtem Fingerspitzengefühl.

Die Kehrseite
Sie verzetteln ihr Talent, sind sprunghaft und können sich zu nichts entschließen. Sie scheuen die Verantwortung. Sie vertragen keine Routine.

Geburtstagszahl 24

Solche Menschen sind immer freundlich und verständnisvoll. Sie sind praktisch veranlagt, aber auch intuitiv. Sie leben lieber in Harmonie, sind hilfsbereit und gut organisiert.

Die Kehrseite
Sie kämpfen mit dem immer wieder entschwindenden Selbstbewusstsein, sind willensschwach und hypersensibel, weshalb sie auch keine Kritik vertragen.

Geburtstagszahl 25

Diese Menschen sind meist ruhig, eher bescheiden, sensibel und gefühlsbetont. Sie besitzen die Fähigkeit, sich Ziele zu setzen und sie zu erreichen. Sie lieben dennoch die große Herausforderung.

Die Kehrseite
Es fällt ihnen schwer, aus sich herauszugehen. Aufgrund ihrer Sensibilität sind sie oft unzugänglich, launisch und für andere unberechenbar.

Geburtstagszahl 26

Die an einem 26. Geborenen sind intuitiv, harmoniebedürftig und familienbewusst. Viele besitzen Organisationstalent und sind geschäftstüchtig. Meist kann man sich auf sie verlassen. Sie sind verständnisvoll und sensibel. Sie können aber auch sehr kritisch sein – man traut ihnen das fast nicht zu.

Die Kehrseite
Sie können große Angeber sein, und viele verstecken dahinter ihre eigene Unsicherheit. Sie werden arrogant, besitzen kein Durchhaltevermögen und sind sehr materialistisch eingestellt.

Geburtstagszahl 27

Diese Menschen übernehmen Verantwortung, wenn man sie fragt, sind sonst aber eher zurückhaltend. Sie sind sensibel und hilfsbereit, können jedoch auch auf ihrem Standpunkt beharren, wenn es einen zu verteidigen gilt. Manche lieben das Dramatische, den großen Auftritt.

Die Kehrseite
Sie können sehr egoistisch und kompromisslos sein. Sie sind streitsüchtig und kommen mit ihren Gefühlen nur schlecht zurecht. Der innere Konflikt zwischen sozialem Engagement und den eigenen Wunschvorstellungen birgt sehr viel negative Spannung.

Geburtstagszahl 28

Diese Menschen können trotz ihres Drangs nach Unabhängigkeit gut in einer Gruppe arbeiten. Sie besitzen Organisationstalent, sind ehrgeizig und erreichen ihre Ziele lieber durch diplomatisches Vorgehen. Sie sind logische Denker, kreativ und liebevoll, wenn sie sich verstanden fühlen.

Die Kehrseite
Sie können gefühlskalt, schroff und abweisend sein, unrealistisch in ihren Vorstellungen und sehr ichbezogen. Sie können äußerst verletzend sein und verstecken ihre Gefühle hinter einer unsichtbaren Wand.

Geburtstagszahl 29

Menschen mit der Geburtstagszahl 29 verfügen über beachtliche analytische Fähigkeiten, die sie beispielsweise in einer Diskussion gezielt einzusetzen verstehen. Deshalb sind sie auch beruflich sehr erfolgreich. Sie zeichnen sich durch ein hohes Verantwortungsbewusstsein aus.

Die Kehrseite
Sie sind konfliktscheu. Ihre innersten Gefühle schirmen sie sorgfältig ab; sie reagieren nervös, wenn ihnen jemand zu nahe kommen sollte.

Geburtstagszahl 30

An einem 30. Geborene sind freundlich und gesellig. Sie sind in ihren Ansichten direkt, geistig mobil, scharfsinnig, und viele von ihnen sind ausgesprochen energiegeladen. Sie besitzen Selbstvertrauen, sind enthusiastisch, redegewandt.

Die Kehrseite
Sie verschwenden zu viel Energie an unwichtige Projekte, sind sprunghaft und unkonzentriert. Sie können verbal sehr verletzend und uneinsichtig sein, wenn man sie darauf hinweist.

Geburtstagszahl 31

Diese Menschen wissen genau, was sie wollen. Sie besitzen große geistige Mobilität, sind unabhängig, verfügen aber auch über eine praktische Veranlagung. Sie sind hoch motiviert und zuverlässig.

Die Kehrseite
Sie sind gegenüber ihren Mitmenschen zu anspruchsvoll, oder sie verrennen sich zu sehr im Detail. Sie können kleinlich, sarkastisch und sehr dominant sein.

Bei den Kehrseiten sollte man immer bedenken, dass jeder die Einflüsse positiv oder negativ nutzen kann.

Der Geburtsmonat

Neben dem Einfluss der Zahlenqualität unseres Geburtstages spielt auch die des Geburtsmonats eine wichtige Rolle. Dieser sagt bereits sehr viel über die Charaktereigenschaften eines Menschen aus, da die Monatszahlen einstellig sind und deshalb die Veranlagung, die durch die jeweilige Zahl repräsentiert wird, von nichts anderem beeinflusst wird. Dies gilt auch für die 11. Die einzige Ausnahme bildet der Dezember (12), der den Einfluss der 1, 2 und als Quersumme der 3 enthält und damit von allen drei Zahlen Qualitäten besitzt. Allgemein lässt sich sagen, dass die Monatszahl die Geburtstagszahl in ihrer Wirkung stärkt oder schwächt.

Januar (1)

Die im Januar Geborenen sind zielstrebige, innovative Menschen, die genau wissen, was sie möchten. Sie sind unabhängig und spielen ungern die zweite Geige. Sie benötigen jedoch immer wieder eine Rückzugsmöglichkeit. Es ist wichtig, einem Partner zu erklären, dass dieses oder jenes nichts mit dem Partner oder der Partnerschaft zu tun hat, sondern ein inneres Bedürfnis ist. Januarmenschen kommen mit zu viel andauernder Nähe nicht zurecht.

Die Kehrseite
Sie sind eigenbrötlerisch oder kapseln sich wie Einsiedler von allem völlig ab. Sie sind sehr egoistisch, nur auf ihren eigenen Vorteil bedacht.

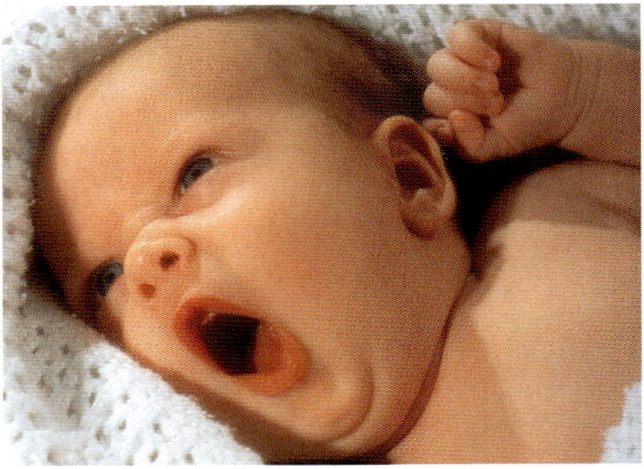

Die Zahlenqualität des Geburtsmonats stärkt oder schwächt die Qualität des Geburtstags.

Februar (2)

Im Gegensatz zur unabhängigen 1 liebt die Monatszahl 2 die Nähe und die Gemeinsamkeit. Hier treffen wir auf intuitive und oft sehr sensible, gleichsam mit einem sechsten Sinn begabte Menschen. Für sie ist eine Partnerschaft wichtig und wird bei den meisten an erster Stelle stehen. Sie arbeiten lieber gemeinsam als alleine.

Die Kehrseite
Es fehlt ihnen an Durchsetzungsvermögen, und sie lassen sich unnötig ausnützen.

März (3)

Die Monatszahl 3 steht für schnelle Auffassungsgabe, Charme und Aufgeschlossenheit. Beruflich haben die Märzmenschen gerne mit anderen zu tun, immer wenn Freundlichkeit und Zugehen auf das Gegenüber sowie Abwechslung gefragt sind. Routine zählt nicht zu ihren großen Stärken.

Die Kehrseite
Sie verzetteln sich leicht und können, vor allem, wenn keine 2 im Geburtsdatum vorhanden ist, mit Worten sehr verletzen. Sie wissen immer, wo man andere Menschen am besten trifft.

April (4)

Sehr praktische Menschen symbolisiert die Monatszahl 4. Sie gehören zu der Sorte, die mit ihren Händen arbeiten, und für die alles »Hand und Fuß« haben muss. Sie sind sicherheitsbewusst und verlässlich. Sie setzen gerne ihren Kopf durch.

Die Kehrseite
Sie sind sehr penibel und scheuen jedes Risiko. Außerdem neigen sie zur Intoleranz.

Mai (5)

Maimenschen sind nicht gerne eingesperrt. Meist sind es sehr freundliche, aufgeschlossene Menschen, die Entscheidungen lieber aus dem Handgelenk treffen. Sie haben Durchsetzungsvermögen, und wenn sie sich einmal zu etwas entschlossen haben, dann wird sie niemand davon abbringen. Außerdem sind sie temperamentvoll.

Die Kehrseite
Sie sind launisch, egoistisch, fordernd und reagieren gereizt.

Juni (6)

Menschen mit der Monatszahl 6 lieben den Frieden und suchen dem Streit möglichst aus dem

Weg zu gehen. Sie sind sehr harmoniebedürftige Menschen, die das Schöne um sich herum lieben. Eine Partnerschaft ist für die meisten das angestrebte Ziel, die Unabhängigkeit behagt ihnen weniger.

Die Kehrseite
Sie verlieren sehr schnell das Selbstbewusstsein, gehen zu oft Kompromisse ein, die zu ihrem Nachteil sind.

Juli (7)

Julimenschen bauen lieber auf Selbsterfahrung, als dass sie sich auf die Aussagen anderer Leute verlassen. Großer Gerechtigkeitssinn und oft eine soziale Einstellung sowie Hilfsbereitschaft zeichnen sie aus. Viele von ihnen lieben das Drama und den großen Auftritt.

Die Kehrseite
Sie machen sich das Leben selbst schwer, da sie zu stur sind. Dauernd haschen sie nach Bestätigung und sind beleidigt, wenn sie nicht kommt.

August (8)

Die im Monat August Geborenen sind kreative und logisch denkende Menschen. Die Monatszahl 8 birgt auch Organisationstalent und Geschäftssinn. Diese Menschen besitzen sehr viel innere Kraft. Für sie ist es wichtig, dass sie sich eine Balance schaffen zwischen äußeren Umständen und inneren Werten. Sie müssen auch für sich sein können.

Die Kehrseite
Sie neigen zu Verstimmungen und Depressionen und schätzen Probleme oft viel schwieriger ein, als sie in Wirklichkeit sind. Sie sehen ihr Umfeld häufig sehr negativ.

September (9)

Hier handelt es sich um verantwortungsbewusste, mit großem analytischen Denken begabte Menschen. Menschen mit der Monatszahl 9 kommen meist mit allen gut aus; sie scheinen ein Signal auszusenden, dass sie eine Anlaufstelle für Rat und Hilfe Suchende sind, lassen sich durch ihre große Hilfsbereitschaft aber auch leicht ausnützen.

Die Kehrseite
Sie können sich nicht abgrenzen, übernehmen sich in der Verantwortung; deshalb haben sie oft Rückenprobleme (sie tragen zu viel).

Oktober (10)

Da die 0 die vorausgehende 1 stärkt, sind Oktobermenschen nicht nur unabhängig, zielstrebig und gegenüber allem Neuen aufgeschlossen, sondern auch sehr charakterstark. Auf sie ist Verlass. Sie benötigen aber einen großen Freiraum und Rückzugsmöglichkeiten.

Die Kehrseite
Nur ihr eigener Wille zählt. Sie entwickeln sich zum Einsiedler und können sehr exzentrisch werden.

November (11)

Hohe Sensibilität zeichnet diese Menschen aus. Sie haben sehr viel Verständnis und sind äußerst einfühlsam. Sie vermeiden jedoch möglichst jeden Konflikt oder verlieren sehr schnell die Fassung. Sie sind ausgesprochen kommunikationsfreudig.

Die Kehrseite
Oft fehlt ihnen der innere Halt, was durch bewusst forsches Auftreten verdeckt wird. Diese Menschen sind in vielen Fällen sehr verunsichert und greifen lieber selbst an, bevor sie angegriffen werden. Mit ihrem Verhalten schaffen sie häufig unnötige Missverständnisse.

Dezember (12)

Dieser Monat steht unter dem Einfluss von drei Zahlen: der 1, die den in ihm Geborenen Zielstrebigkeit und ein gesundes Ichbewusstsein verleiht, der 2, die ihnen Intuition und Fingerspitzengefühl gibt, und der 3 (1+2 =3), die ihnen die Freundlichkeit und den leichten Umgang mit anderen Menschen schenkt.

Die Kehrseite
Sie lassen sich ausnutzen, sind entweder zu egoistisch oder ineffektiv. Das vollständige Geburtsdatum wird darüber Auskunft geben, welche Zahlenqualität vorherrscht.

Bei der Analyse des Geburtsdatums ist die Zahl des Geburtsmonats der einfachste Anhaltspunkt, um die Grundzüge eines Menschen zu erkennen. Da der Monat die Zahlen in seiner reinsten Form repräsentiert (1 bis 9 und 11), sagt er schon auf den ersten Blick viel über eine der Hauptcharaktereigenschaften eines Menschen aus. Ein Beispiel: Jemand ist am 9. des Monats geboren; das bedeutet, dass er immer mit Verantwortung zu tun haben wird. Es ist aber wichtig zu sehen, ob und wie andere Zahlen im Geburtsdatum diesen Einfluss stärken oder schwächen.

Das Numerologische Quadrat

Alle Zahlen des Geburtsdatums werden nun in das Numerologische Quadrat eingetragen. Dabei ist jeder ein bestimmtes Quadrat zugeordnet und die Reihenfolge festgelegt.

3	6	9
2	5	8
1	4	7

1 Kommunikation
2 Intuition, Einfühlungsvermögen
3 Geistige Mobilität
4 Praktische Fähigkeiten
5 Leidenschaft, Willenskraft
6 Harmonie, Familie
7 Verständnis, Sympathie
8 Logisches Denken, Organisationstalent
9 Analytische Fähigkeiten

Wenn die gleiche Zahl mehr als einmal vorkommt, wird diese in das gleiche Quadrat eingetragen (nicht zusammenzählen!). Um zu veranschaulichen, wie das Quadrat ausgefüllt wird, nehmen wir das Geburtsdatum des ehemaligen sowjetischen Staatspräsidenten Michail Gorbatschow: 2.3.1931.

33		9
2		
11		

Wie Sie erkennen können, muss nicht jedes Quadrat ausgefüllt sein. Die einzelnen Quadrate geben uns Aufschluss über unsere Veranlagungen und unsere Schwierigkeiten mit uns selbst. Besitzen wir z. B. Durchsetzungsvermögen, oder tendieren wir dazu, uns das Leben schwer zu machen?
Das Numerologische Quadrat gibt uns aber auch Auskunft über unsere Neigungen durch die Felder, die nicht ausgefüllt sind. Wenn eine Zahl mehrmals erscheint, dann bedeutet dies, dass die Qualität dieser Zahl sehr intensiv ist und dass sich mehr Energien in dieser Veranlagung

zusammenballen. Wenn also multiple Zahlen in einem Geburtsdatum vorhanden sind, wie etwa bei 8.11.1999, so ist es wichtig, dass diese Energien gezielt und gut genutzt werden, um den Energiestau und die damit verbundene Unruhe und innere Spannung abzubauen.

Die Zahl 1

Die Zahl 1 steht für die Kommunikation.

Einmal 1

Menschen mit nur einer 1 auf dem Quadrat haben Probleme, ihre tiefsten Gefühle zu zeigen und in Worte zu fassen. Sie gelten aus diesem Grund zu Unrecht als gefühlsarm. Sie sagen einmal »Ich liebe dich« und hoffen, dass dies mindestens für die nächsten zehn Jahre gilt. Sie sind zielstrebig und lassen sich von einem gesetzten Ziel nur äußerst ungern abbringen.

Die Kehrseite
Es fällt diesen Menschen schwer, ihre innersten Gefühle preiszugeben; deshalb kapseln sie sich lieber ab.

Zweimal 1

Personen mit zweimal der 1 auf dem Quadrat tun sich leicht, ihre innersten Gefühle zu zeigen und auszudrücken. Sie sind redegewandt in emotionalen Dingen. Sie können sich mitteilen, erwarten allerdings vom Partner die gleiche emotionale Kommunikationsfreudigkeit. Das kann zu Spannungen führen.

Die Kehrseite
Sie erwarten mindestens »fünfmal« am Tag, dass man ihnen sagt, wie sehr man sie liebt. Sie sind überemotional.

Dreimal 1

Menschen mit dreimal der 1 auf dem Quadrat sind entscheidungsschwach. Häufig ist der »Zug« abgefahren, ehe sie wissen, was sie möchten. Sie verinnerlichen erst alle Probleme. Sie sollten sich bis zur Entscheidungsfindung einen Termin setzen.

Die Kehrseite
Sie sind zu verschlossen und teilen der persönlichen Umgebung die eigene Entscheidung nur mit, ohne dass diese die Chance hat, zur Entscheidungsfindung beizutragen. Das führt oft zu Konflikten. Außerdem können sie Dauerredner sein.

Viermal 1

Wer viermal die 1 auf dem Numerologischen Quadrat hat, ist innerlich sehr instabil, auch wenn er nach außen Stärke demonstriert. Er fühlt sich schnell missverstanden, und er hat Probleme, Gefühle klar auszudrücken. Auch leidet er unter mangelndem Selbstvertrauen. Er braucht einen starken Partner. Da die 1 mit Kommunikation zu tun hat, ist es für Menschen mit multipler 1 meist sehr hilfreich, einen Beruf wie Journalist o.Ä. zu ergreifen, um die aufgestauten Energien effektiv abzubauen.

Die Kehrseite
Sie können hinterhältig, rücksichtslos und gemein sein. Lieber greifen sie selbst an, ehe sie angegriffen werden.

Fünfmal 1

Diesen Menschen fällt es außerordentlich schwer, Beziehungen einzugehen und aufrechtzuerhalten. Viele neigen eher dazu, sich von der Umwelt zurückzuziehen, da sie mit sich selbst nur schwer zurechtkommen. Ihre emotionale Energie und ihre Unfähigkeit, sich entsprechend auszudrücken, sind noch einmal um ein Wesentliches höher als bei viermal der 1 auf dem Numerologischen Quadrat. Sie sind innerlich sehr verunsichert, und wenn sie diesen Energiestau nicht effektiv abbauen können, z.B. durch einen entsprechenden Beruf oder ein Hobby wie Schriftstellerei, dann verlieren sie ihr Selbstvertrauen vollständig.

Die Kehrseite
Sie können zum totalen Einsiedler und Sonderling werden, da sie mit ihrer inneren Unruhe und ihrem Frust nicht zurechtkommen. Sie können verbal äußerst verletzend sein, denn sie starten den Angriff zuerst – aus Furcht, verletzt zu werden.

Die Zahl 2

Die Zahl 2 steht für Intuition, Fingerspitzengefühl und das Wirverständnis.

Einmal 2

Menschen mit einmal der 2 in ihrem Geburtsdatum besitzen Fingerspitzengefühl und Intuition. Sie sind hilfsbereit und auf das Wohl ihrer Mitmenschen oder ihrer Familie bedacht.

Die Kehrseite
Sie sind empfindlich gegen Stress und brauchen sehr häufig Regenerationsphasen.

Zweimal 2

Dies sind sehr intuitive Menschen mit viel Einfühlungsvermögen. Sie sind hilfsbereit und formen oft tiefe Freundschaften. Häufig unterschätzen sie ihre Intuition, und darum fällt es ihnen schwer, ihrer inneren Stimme zu vertrauen.

Die Kehrseite
Sie leiden unter Minderwertigkeitskomplexen und übertriebenen inneren Ängsten.

Dreimal 2 und darüber

Diese Menschen besitzen eine ausgeprägte Intuition. In der Gruppe fangen sie allen verborgenen Stress oder Spannung auf, was sie selbst sehr angespannt macht. Sie sind wie ein Satellit, der alle Fernsehprogramme auffängt, sie aber nicht weitergeben kann – deshalb ihr innerer Stress.

Die Kehrseite
Sie neigen zu Wutanfällen, großer innerer Unsicherheit, Angstzuständen.

Die Zahl 3

Die Zahl 3 repräsentiert geistige Mobilität und eine schnelle Auffassungsgabe.

Einmal 3

Menschen mit einer 3 auf dem Numerologischen Quadrat sind sehr charmant und besitzen eine schnelle Auffassungsgabe. Sie mögen keine Langeweile und suchen eher die Herausforderung. Sie lernen schnell, vergessen aber oft auch genauso rasch. Meist erkennen sie sehr schnell den Kern einer Sache.

Die Kehrseite
Sie verzetteln sich leicht. Aufgrund ihres scharfen Verstands können sie andere sehr verletzen. Sie sind egoistisch.

Zweimal 3

Menschen mit zweimal der 3 auf dem Quadrat sind sehr intelligent und brauchen immer wieder eine Abwechslung. Ihr Verstand muss gefordert werden, sonst entsteht schnell ein innerer Frust. Sie sind fröhlich und gehen gerne auf Menschen zu.

Die Kehrseite
Sie benutzen ihren Verstand, um zu verletzen, sind egoistisch und disziplinlos.

Dreimal 3 und darüber

Diese Personen sind oft Multitalente, die sich aber sehr schnell verzetteln können. Ehe sie ein Projekt richtig gestartet haben, haben sie schon das nächste im Visier; trotzdem vergessen sie das Naheliegendste. Sie sind charmant und gern unter Menschen.

Die Kehrseite
Sie mögen keine Disziplin, sind unpraktisch, unorganisiert, scharfzüngig und egoistisch.

Die Zahl 4

Die Zahl 4 repräsentiert das Praktische und Bodenständige im Menschen.

Einmal 4

Personen mit einer 4 auf dem Numerologischen Quadrat besitzen eine praktische Einstellung zur ihrer Umwelt und zu ihrem Leben: Alles muss Hand und Fuß haben. Sie können gut organisieren. Das eigene Interesse hat Vorrang.

Die Kehrseite
Sie sind sehr stur, sehen nur die eigenen Interessen. Schnell verlieren sie ihr Selbstvertrauen.

Zweimal 4

Diese Menschen sind Perfektionisten und möchten alles genau so haben, wie sie es sich vorstellen. Dabei erzeugen sie sehr schnell sehr viel Stress in ihrem Umfeld. Sie sind verantwortungsbewusst und meist sehr fleißig.

Die Kehrseite
Sie sind unflexibel, mangelndes Selbstvertrauen wird hinter großen Gesten versteckt. Verbal können sie sehr verletzen.

Dreimal 4 und darüber

Personen mit drei- oder mehrmal der 4 im Quadrat sind sehr praktisch veranlagt; sie brauchen auch viel körperliche Betätigung, um überschüssige Energie abzubauen. Sicherheitsdenken wird groß geschrieben. Sie sind sehr verlässlich, gute Freunde. Sie benötigen immer wieder eine Bestätigung ihrer selbst.

Die Kehrseite
Sie neigen zu Depressionen, auch Suchtverhalten, wenn der Energieüberschuss der 4 nicht abgebaut wird. Sie sind verletzend.

Die Zahl 5

Die Zahl 5 repräsentiert Unruhe und Leidenschaft.

Einmal 5

Menschen mit einer 5 in ihrem Geburtsdatum besitzen Durchsetzungsvermögen, treffen Entscheidungen gerne aus dem Handgelenk. Sie verspüren eine innere Unruhe, die ausgelebt werden will. Sie sind vielseitig und einfallsreich.

Die Kehrseite
Sie können sehr negativ und unangenehm werden.

Zweimal 5 und darüber

Hier handelt es sich um Menschen mit einem ausgeprägten Freiheits- und Unabhängigkeitsdrang; sie sind sehr impulsiv, besitzen Durchsetzungs- und Durchhaltevermögen.

Die Kehrseite
Sie tendieren zu Wutausbrüchen, Aggressivität und können sehr destruktiv sein – in den meisten Fällen gegen sich selbst.

Die Zahl 6

Die Zahl 6 steht für Harmonie und das Schöne im Leben.

Einmal 6

Personen mit einer 6 im Quadrat sind harmoniebedürftig, lieben meist ein schönes Zuhause, sind

eher unkonventionell, doch familienbewusst. Sie sind sehr gefühlvoll und »zart besaitet«.

Die Kehrseite
Sie verlieren rasch ihr Selbstbewusstsein und sind zu schnell zu Kompromissen bereit.

Zweimal 6 und darüber

Diese Menschen wünschen sich nichts sehnlicher als eine Familie. Sie sind kreativ, doch fehlt ihnen oft das innere Vertrauen, ihre Kreativität umzusetzen.

Die Kehrseite
Es mangelt ihnen an Selbstbewusstsein, sie sind zu nachgiebig und abhängig vom Partner.

Die Zahl 7

Die Zahl 7 steht für Emotionales und Selbsterfahrung.

Einmal 7

Viele besitzen einen ausgeprägten Gerechtigkeitssinn. Diese Menschen lassen sich ungern etwas sagen und glauben nur die Dinge, die sie selbst erfahren haben. Dennoch können sie ihre Mitmenschen überraschen, indem sie von ihrer Position abrücken und dem anderen Recht geben. Sie sind sozial eingestellt.

Die Kehrseite
Sie sind zu stur und unnachgiebig, machen sich das Leben schwer.

Zweimal 7 und darüber

Personen mit zwei- oder mehrmals der 7 im Quadrat lieben meist das große Drama und den großen Auftritt. Sie sind sehr emotional, hilfsbereit und setzen sich für Schwächere ein. Sie verfügen über einen ausgeprägten Gerechtigkeitssinn.

Die Kehrseite
Immer sind sie auf der Suche nach Anerkennung. Nur die eigene Meinung gilt. Rachsucht wird ihnen nachgesagt.

Die Zahl 8

Die Zahl 8 repräsentiert Logik, Kreativität und Geschäftssinn.

Einmal 8

Diese Menschen denken logisch, besitzen einen guten Geschäftssinn. Außerdem sind sie kreativ. Eine innere wie äußere Balance ist für sie sehr wichtig.

Die Kehrseite
Sie tendieren dazu, alles zu schwarz zu sehen. Sie neigen zum Negativen und können ziemlich sarkastisch sein.

Zweimal 8 und darüber

Personen mit zwei- oder mehrmals der 8 in ihrem Geburtsdatum haben sehr viel kreatives Talent und sind in Sachen Organisation kaum zu übertreffende Meister. Sie zeichnen sich durch ausgesprochen logisches Denken aus. Ihr scharfer Verstand ist jedoch oft zu einseitig ausgerichtet, denn nur das eigene logische Denken wird als richtig angesehen.

Die Kehrseite
Sie verfallen in Depressionen und neigen zu Negativität und totalem Rückzug. In Geldangelegenheiten können sie kleinlich und geizig werden.

Die Zahl 9

Die Zahl 9 verleiht analytisches Denken und Verantwortungsbewusstsein.

Einmal 9

Im vergangenen Jahrhundert besaßen wir alle die 9 und somit die Fähigkeit zum analytischen Denken, ebenso die Bereitschaft, Verantwortung zu übernehmen. Wir sind so daran gewöhnt, dass wir sie gar nicht mehr als etwas Besonderes schätzen.

Die Kehrseite
Im Gegenzug kommt es leicht zur Selbstüberschätzung.

Zweimal 9 und darüber

Diese Personen können den Kern einer Sache ganz schnell aufspüren, da sie analytische Denker sind. Sie leben lieber verstandes- als gefühlsorientiert.

Die Kehrseite
Sie sind unflexibel, lassen nur die eigene Meinung gelten.

Die Ebenen auf dem Quadrat

Auf dem Numerologischen Quadrat können Zahlenreihen ganz ausgefüllt sein oder auch frei bleiben, und zwar: horizontal, vertikal oder diagonal. Diese ausgefüllten bzw. freien Ebenen geben interessante Hinweise auf bestimmte zusätzliche Charaktereigenschaften.

Die praktische Ebene

Wenn sich Menschen mit der praktischen Ebene, der Ebene 1–4–7, etwas vornehmen, was von Interesse ist, werden sie es durchziehen, komme, was wolle, selbst wenn das totale Chaos herrscht. Sie sind praktisch und haben eine feste Meinung, von der sie schwer abzubringen sind. Sie besitzen Ausdauer und Hartnäckigkeit.

Die Kehrseite
Sie sind herrschsüchtig, stur und engstirnig.

Die Ebene der Leidenschaft

Personen mit der Ebene der Leidenschaft, d.h. der Ebene 2–5–8, besitzen einen ausgeprägten Freiheitsdrang. Sie müssen neben der Familie oder Partnerschaft eigene Pläne ausführen können, die sie sich auch nicht ausreden lassen. Lässt man sie allerdings gewähren und ihr Interessengebiet pflegen, kommen sie von selbst zur Familie und/oder zum Partner zurück. Sie machen nichts halbherzig. Als Mensch werden Sie entweder akzeptiert, oder Sie existieren schlicht nicht mehr.

Die Kehrseite
Sie sind schnell beleidigt, nachtragend und unversöhnlich.

Die Ebene der Emotionen

Wer die Ebene der Emotionen, also die Ebene 3–6–9, in seinen Geburtsdatumszahlen hat, ist ausgesprochen familienbewusst und, wenn es nötig sein sollte, bereit, fast alles für seine Familie zu tun. Diese Menschen leben äußerst ungern allein und können sich ein Leben ohne Partner so gut wie nicht vorstellen. Sie sind hilfsbereit, verständnisvoll, geistig beweglich und lieben eher das Unkonventionelle.

Die Kehrseite
Sie geraten leicht in emotionale Abhängigkeit, häufig fehlt es ihnen an Selbstvertrauen. Manche benötigen viele Jahre, um den richtigen Weg zu finden, da sie überschießende Energien besitzen, die sich nicht leicht in vorgegebene, genormte Bahnen zwängen lassen.

Die Ebene der Gedanken

Menschen mit der Ebene 1–2–3 haben immer Ideen. Sie sind geistig sehr mobil, haben eine rasche Auffassungsgabe. Sie springen von Einfall zu Einfall, mögen aber keine Langeweile und Routine.

Die Kehrseite
Es fehlt ihnen an Ausdauer und sinnvoller Organisation, sie verzetteln sich und verlieren sich in ihren Gedanken.

Die Ebene der Zielstrebigkeit

Menschen mit der Ebene der Zielstrebigkeit, also der Ebene 4–5–6 (siehe Seite 41), sind so lange anpassungsfähig, bis sie der Meinung sind, dass sie eine Situation ändern können, die ihnen nicht gefällt. Sie zeigen Geduld, Beharrlichkeit und Ausdauer, um ihr gesetztes Ziel zu erreichen.

Die Kehrseite
Sie überschätzen sich oder verpassen den richtigen Zeitpunkt zum Handeln.

Die Ebene der Energie

Personen mit der Ebene der Energie, der Vertikale 7–8–9, besitzen sehr viel geistige Mobilität und verfügen über schier unbegrenzte Energie. Sie müssen diese Energie ausleben können, sei es durch Sport oder geistige Herausforderungen.

Die Kehrseite
Sie neigen zur Hyperaktivität und zeigen Konzentrationsschwäche.

Die Ebene der Entschlossenheit

Menschen auf der Ebene der Entschlossenheit, also mit der Diagonale 1–5–9, sind in der glücklichen Lage, sich Ziele zu setzen und diese auch tatsächlich zu erreichen. Sie sind Realisten, die etwas bewegen können. Sie können sehr distanziert sein, was für einen Partner ohne diese Kombination nicht nachzuvollziehen ist.

Die Kehrseite
Sie sind intolerant und rücksichtslos. Sie tun sich schwer, andere zu verstehen, die ihre Vorhaben nicht zu Ende führen oder erst gar nicht in Angriff nehmen.

Die Ebene des Verständnisses

Personen mit der Ebene des Verständnisses, also der Diagonale 7–5–3 in ihrem Numerologischen Quadrat, wissen Geselligkeit, geistige Mobilität und Leidenschaft miteinander zu verbinden. Sie sind hilfsbereit und verständnisvoll und bereit, sich für andere einzusetzen.

Die Kehrseite
Sie begeben sich in zu große Abhängigkeit von anderen, opfern sich auf.

Freie Zahlenebenen

Auch eventuell leere Zahlenebenen verweisen auf Stärken und Schwächen der Persönlichkeit. Im neuen Jahrtausend sind in der Numerologie vier neue freie Ebenen hinzugekommen: Eine davon hat es in den vergangenen drei Jahrhunderten und zwei davon im vergangenen Jahrtausend nicht mehr gegeben. Der Wegfall der 1, die auch für das Ich oder Ego steht, wird im neuen Jahrtausend nicht mehr automatisch besetzt und gibt daher zwei neue Ebenen frei. Damit verlässt uns auch der Egoismus, den wir bis dahin von vornherein in unserem Geburtstag »eingestanzt« hatten.

Die Ebene der Erkenntnis

Befreit vom Egoismus und der praktischen Seite des Lebens können sich Menschen mit der Ebene der Erkenntnis (siehe oben) auf ihrem Quadrat mehr auf die geistige Seite des Lebens und ihre Möglichkeiten besinnen.

Die Kehrseite
Sie sind unberechenbar und leicht verunsichert.

Die Ebene der Sensibilität

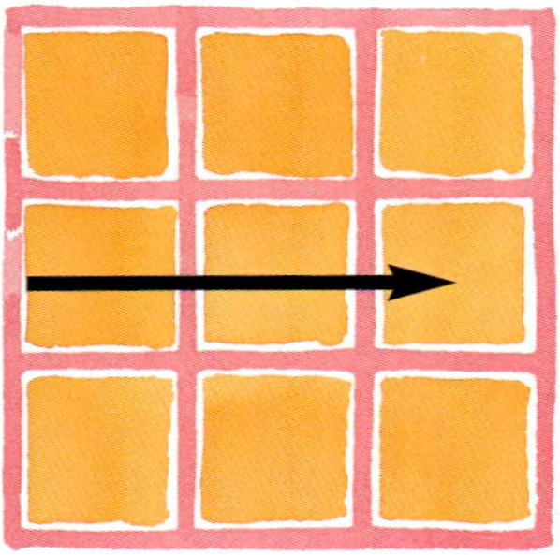

Menschen mit der Ebene der Sensibilität (siehe oben) fehlt das natürliche Fingerspitzengefühl für andere, doch sind sie selbst verletzlicher, als man ihnen äußerlich ansieht. Sie sind äußerst empfindlich.

Die Kehrseite
Sie sind schnell beleidigt, nachtragend, haben einen Minderwertigkeitskomplex.

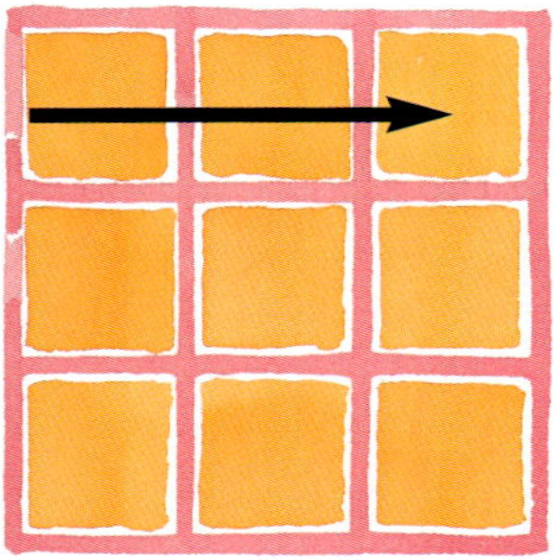

Die Ebene der Inspiration

Menschen, welche die Ebene der Inspiration (siehe links unten) in ihrem Quadrat vorfinden, sind in der Lage, sich von großen Gedanken und Ideen mit Zeit und Geduld inspirieren zu lassen und sie in die Tat umzusetzen.

Die Kehrseite
Sie sind vergesslich und gefallen sich in der Außenseiterrolle.

Die Ebene der Vision

Menschen mit der Ebene der Vision wissen, was sie wollen, und lassen auch gerne andere ihre Angelegenheiten für sich erledigen. Sie können gut delegieren, ohne ihr Ziel aus den Augen zu verlieren.

Die Kehrseite
Sie sind ungeduldig und manchmal auch unsicher.

Die Ebene der Entwicklung

Die Ebene der Entwicklung lässt den Menschen Raum, sich frei zu entfalten, ihre Individualität und ihr Sein neu zu entdecken und gleichsam zu erfinden.

Die Kehrseite
Sie zeigen sich unentschlossen und ratlos.

Die Ebene des Saturn

Menschen mit der Ebene des Saturn machen sich das Leben schwerer, als sie müssen. Sie scheinen auf jede Klippe zuzusteuern, ohne sich beirren zu lassen. Es fällt ihnen schwer zu begreifen, dass nicht über jeden Stein gestolpert werden muss.

Die Kehrseite
Sie sind stur und uneinsichtig.

Die Ebene der Betrachtung

Die Ebene der Betrachtung ohne die Zahlen 7, 8 und 9 verleiht den betreffenden Menschen großes geistiges Potenzial. Sie erlaubt ihnen, Probleme in geistiger Ruhe und Nachdenklichkeit zu betrachten und Lösungen nicht zu erzwingen.

Die Kehrseite
Sie sind passiv, faul und neigen zur Lethargie.

Fehlende Geburtszahlen

Ein Geburtsdatum enthält nicht alle Zahlen von 1 bis 9. Deshalb werden auf dem Numerologischen Quadrat Zahlenfelder frei bleiben. Dies bedeutet, dass wir uns die Veranlagungen, die durch die fehlenden Zahlen repräsentiert werden, bewusst aneignen müssen, um bestimmte Defizite auszugleichen.
So kann es beispielsweise sein, dass in einem Geburtstag die 2 fehlt und damit das natürliche Fingerspitzengefühl. (Auf im neuen Jahrtausend Geborene wird dies allerdings nicht mehr zutreffen.)
Oder es fehlt die 5 in Ihrem Geburtsdatum und damit oftmals die nötige Ausdauer, eigene Pläne in die Tat umzusetzen. Menschen mit einer 5 in ihrem Geburtsdatum dagegen fällt es außerordentlich schwer, eine solche »Planlosigkeit« zu verstehen. Menschen mit einer 4 im Geburtsdatum sind sehr praktisch veranlagt und meinen, das sei bei allen so. Menschen ohne eine 4 im Geburtsdatum können sich praktische Fähigkeiten aneignen, wenn sie wollen.
Achten Sie aus diesem Grund bei einer Analyse auch auf die fehlenden Zahlen des Geburtsdatums.

Fehlende 1

Menschen ohne 1 sind selbstloser, denn sie werden von der 1, dem Ich oder Ego, nicht mehr beeinflusst wie noch die meisten von uns, die im letzten Jahrtausend geboren wurden. Sie werden sich stärker auf die geistigen Seiten des Lebens besinnen, wenn sie ihre Ziele und Wünsche umsetzen wollen, denn natürlich steht jetzt das Wirbewusstsein im Vordergrund.

Die Kehrseite
Sie lassen sich zu schnell ausnutzen, haben einen Hang zum Märtyrertum.

Fehlende 2

Es fehlt diesen Menschen das Fingerspitzengefühl, die natürliche Veranlagung zu wissen, wann etwas Bestimmtes gesagt werden kann oder nicht. Sie sind geradeheraus und direkt und verletzen Menschen oft unwissend.

Die Kehrseite
Sie wollen nicht einsehen, dass sie an ihren diplomatischen Fähigkeiten arbeiten sollten. Sie wundern sich allerdings, wenn sich Menschen von ihnen zurückziehen, die mit dieser direkten verletzenden Art nicht zurechtkommen.

Fehlende 3

Diese Menschen müssen nicht immer Trubel um sich haben. Sie benötigen Ruhe, um sich zu konzentrieren. Sie können ganz gut mit sich, ihrer Familie und ihren Hobbys leben.

Die Kehrseite
Sie schränken Familienmitglieder zu sehr ein, klammern.

Fehlende 4

Menschen ohne 4 in ihrem Quadrat fehlt die natürliche praktische Begabung. Sie haben meist ein etwas unorthodoxes Organisationstalent. Nicht alles muss einen praktischen Wert haben.

Die Kehrseite
Sie müssen sich praktische Fähigkeiten bewusst aneignen, denn viele haben zwei »linke« Hände.

Fehlende 5

Diesen Personen fehlen das Geschick, sich durchzusetzen, und die Zielstrebigkeit, ihre Wünsche in die Tat umzusetzen. Irgendwie möchten sie zwar, aber es gelingt ihnen einfach nicht.

Die Kehrseite
Um ihre Ziele zu erreichen, müssen sie sich erheblich anstrengen.

Fehlende 6

Fehlendes Harmonieverständnis ist ein typischer Zug der Menschen ohne 6 in ihrem Geburtsdatum. Es fällt ihnen schwer zu verstehen, warum andere so kompromissbereit sein können. Sie betrachten dies eher als Schwäche.

Die Kehrseite
Sie sollten lernen, dass auch ein guter Kompromiss eine sehr gute Sache sein kann, um ein friedlicheres Miteinander zu gestalten.

Fehlende 7

Diesen Menschen mangelt es an emotionaler Kraft und innerem Halt. Sie können sich auf emotionaler Ebene nur schlecht zur Wehr setzen.

Die Kehrseite
Sie sind zu sehr auf sich selbst fixiert. Sie müssen emotionale Stärke lernen.

Fehlende 8

Diesen Menschen fehlt die natürliche Begabung, Dinge logisch zu betrachten oder auch logisch zu erklären. Viele sind eher spontan und sprunghaft und denken über die Konsequenzen später nach.

Die Kehrseite
Sie sollten lernen, ihre Handlungen gründlicher zu überdenken, ehe sie zur Tat schreiten.

Fehlende 9

Erst in diesem Jahrtausend wird es wieder Menschen geben, die keine 9 in ihrem Geburtsdatum haben. Die natürliche Fähigkeit des analytischen Denkens, die wir bisher alle besessen haben, wird wegfallen. Mehr Zeit wird dem reinen Nachdenken gewidmet sein, wobei nicht immer von vornherein ein Ergebnis angepeilt wird.

Die Kehrseite
Sie können sich zu sehr in ihre Gedanken und Wunschvorstellungen verstricken und den Bezug zur Realität verlieren.

Isolierte Zahlen

Auf dem Numerologischen Quadrat ist manchmal eine Zahl nicht mit den anderen oder sind alle Zahlen nicht miteinander verbunden. In diesen Fällen spricht man von isolierten Zahlen. Dies besagt aber nicht, dass man auf die Qualität, die diese Zahl repräsentiert, nicht zurückgreifen kann, es ist jedoch sehr viel schwieriger. Obwohl die im letzten Jahrhundert Geborenen in ihrem Geburtsdatum alle eine 9 haben, d.h., die Fähigkeit des analytischen Denkens besitzen, werden diejenigen, deren 9 von den anderen Zahlen des Geburtsdatums isoliert ist, Schwierigkeiten haben, diese analytische Fähigkeit voll zu nutzen. Sie müssen sich bewusst größere Mühe geben, um die Eigenschaften dieser 9 zu nutzen.
Das eben Gesagte gilt für alle isolierten Zahlen. Im letzten Jahrhundert (1900–1999) waren es

nur die Zahlen 1, 3, 7 und 9, die für sich alleine stehen konnten, beispielsweise im Datum 1.3.1937 (siehe oben).
Im Jahr 2000 ist noch die 8 hinzugekommen, die für sich allein stehen kann, z. B. im Geburtsdatum 21.8.2000 (siehe Seite 49). Davor war die 8 zumindest immer mit der 9 verbunden.

Allerdings wird es ab dem Jahr 2000 keine isolierte 1 und keine isolierte 3 mehr geben. Da wir aber alle noch sehr jung aus dem alten Jahrhundert in das Jahr 2000 gegangen sind, sind diese Zahlen hier noch enthalten.

Isolierte 1

Menschen mit isolierter 1 fällt es schwer, ihre Gefühle richtig auszudrücken. Ihnen fehlt die Verbindung zur Gefühlswelt.

Die Kehrseite
Sie müssen immer wieder üben, ihre Probleme anzusprechen und ihre Gefühle bewusst auszudrücken, da sie sich schnell selbst isolieren.

Isolierte 3

Trotz ihrer schnellen Auffassungsgabe ist es für Menschen mit isolierter 3 schwierig, diese Fähigkeit auch gut zu nutzen. Sie werden möglicherweise von anderen immer wieder darauf hingewiesen, dass sie ihr Potenzial nicht ausschöpfen, und man wundert sich, dass sie nicht mehr aus ihrem Leben machen.

Die Kehrseite
Sie müssen ganz bewusst einen schnellen Verstand üben und sich geistig Brücken bauen. Sie dürfen sich von anderen nicht verunsichern lassen.

Isolierte 7

Diese Menschen wirken oft unausgeglichen, da sie den Bezug zu ihren inneren Gefühlen nur schwer herstellen können.

Die Kehrseite
Viele neigen zu kleineren Unfällen, da ihre körperliche Koordination beeinträchtigt ist.

Isolierte 8

Der Bezug zu Geschäftstüchtigkeit und Kreativität ist für Personen mit isolierter 8 sehr schwer herzustellen. Sie können ihre Talente einfach nicht nutzen.

Die Kehrseite
Sie sollten sich auf die Fähigkeiten bewusst und stark konzentrieren, um sie für sich nutzen zu können. Sie neigen auch zu plötzlichen Depressionen.

Isolierte 9

Menschen mit isolierter 9 wissen um ihre analytische Fähigkeit und können sie doch nicht einsetzen – eigentlich unverständlich, da wir ja alle diese Fähigkeit besitzen.

Die Kehrseite
Die Betroffenen nehmen eine bestimmte Situation wahr, können aber ihren Kern nicht erkennen. Sehr viel Konzentration und Aus-

dauer sind notwendig, um an die ungenutzte Fähigkeit heranzukommen und sie zu aktivieren.

Isolierte Zahlen machen es den Menschen manchmal sehr schwer, an ihre Grundveranlagungen und Fähigkeiten heranzukommen. Wenn jemand z.B. eine oder mehrere isolierte Zahlen der 3 besitzt, wird er um seine schnelle Auffassungsgabe wissen, es aber äußerst schwierig finden, sie wirklich gut zu nutzen – irgendwie scheint dieses Talent nie richtig zum Tragen zu kommen. Frustrierend ist oft, dass ein Außenstehender solche Talente im anderen erkennt und sagt: »Du kannst mehr, wenn du nur willst.« Der Betreffende weiß es meist selbst, aber er findet einfach nicht den richtigen Zugang. Die Lösung des Problems besteht meiner Meinung nach darin, konzentriert darüber nachzudenken, wie man die Fähigkeit gut nutzt.
Bei der isolierten 3 auf dem Numerologischen Quadrat fehlt außerdem die Verbindung zur eigenen Kommunikationsfähigkeit. Es kann also sein, dass man die tollsten Ideen hat, sie aber nicht rüberbringen kann. Das ist eine frustrierende Erfahrung, vor allem, wenn man zusätzlich nur eine einzige 1 auf dem Numerologischen Quadrat hat. Hier hilft nur intensives Nachdenken, wie man für sich einen Weg findet, die eigenen Gedanken, Gefühle und Ideen anderen gut zu vermitteln. Dazu braucht es Geduld und Zähigkeit.
Ein anderes Beispiel: Menschen mit einer isolierten 9 fällt es oft sehr schwer, Zusammenhänge zu erkennen, d.h., sie haben Schwierigkeiten, Ereignisse so zusammenzusetzen, dass sie ein klares Ganzes ergeben; sie sehen Geschehnisse eher als isolierte Episoden an. Diese Menschen müssen sich ganz gezielt um ihre analytischen Fähigkeiten bemühen.
Ich denke, man sollte die schwierigeren Veranlagungen der isolierten Zahlen als Herausforderung und Aufgabe ansehen, wann immer ihr Fehlen Probleme im Berufs- oder Privatleben mit sich bringt – und nicht als unabänderliches Schicksal. Manchen Menschen fällt eine solche Veranlagung nicht auf, oder sie fehlt ihnen nicht, da sie ihr Leben so eingerichtet haben, dass ihr Abhandensein für sie nicht weiter ins Gewicht fällt. Es ist also immer das Ziel, mit seinen Veranlagungen so zurechtzukommen, dass man mit sich und dem eigenen Selbstverständnis in Harmonie leben kann.

Die Lebensnummer

Die Lebensnummer errechnet sich aus der Quersumme der Geburtstagszahlen, bezogen auf das Beispiel Brigitte Schumann (siehe Seite 12 ff.) also: 21.4.1963= 2+1+4+1+9+6+3=26=2+6=8. Die Lebensnummer übt einen großen Einfluss auf das gesamte Geburtsdatum aus und muss deshalb in eine Analyse immer miteinbezogen werden. Allerdings kann man nicht, wie ich es schon oft gehört habe, nur die Qualitäten der Lebensnummer als die einzig gültige Veranlagung heranziehen. Es gibt Millionen von Menschen, die z.B. als Lebensnummer eine 8 besitzen und die doch alle anders sind, denn sie haben ein anderes Geburtsdatum und einen anderen Namen. Entscheidend ist nur, dass man sich der aus den unterschiedlichen Kombinationen resultierenden Veranlagungen bewusst ist und sie ausgleicht. Die Lebensnummer sagt Ihnen auch, wie viele Möglichkeiten Sie im Leben haben, d.h.: Können Sie immer mehrere Projekte gleichzeitig angehen und bewältigen, oder konzentrieren Sie sich immer nur auf eine Sache?

Deutung der Lebensnummern

Lebensnummer 1

Menschen mit der Lebensnummer 1 haben klare Ziele, sind selbstbewusst und besitzen ein ausgeprägtes Ichbewusstsein. Sie sind unabhängig und benötigen in einer Partnerschaft die Möglichkeit, auch allein zu sein.

Die Kehrseite
Sie sind egoistisch, gefühlskalt, in sich gekehrt.

Lebensnummer 2

Menschen mit der Lebensnummer 2 besitzen großes Einfühlungsvermögen und Intuition. Sie stellen oft die Belange anderer über die eigenen. Sie können ohne Partnerschaft nur sehr schwer leben.

Die Kehrseite
Sie sind gehemmt, gemein, hinterhältig.

Lebensnummer 3

Diese Personen sind sehr charmant, gesellig, lebenslustig und haben am liebsten immer andere Menschen um sich. Sie sind geistig beweglich und mögen keine Langeweile.

Die Kehrseite
Sie sind frivol und sehr direkt, verzetteln sich leicht.

Lebensnummer 4

4er-Typen sind praktische Menschen, die gerne wissen, woran sie sind. Sie sind sicherheitsbewusst, verlässlich und oft sehr penibel.

Die Kehrseite
Sie sind misstrauisch, gemein, verletzend; es fehlt ihnen an Selbstbewusstsein.

Lebensnummer 5

Menschen mit der Lebensnummer 5 werden immer eine gewisse Unruhe in ihrem Leben haben. Sie sind freiheitsliebend und spontan, abenteuerlustig und wiederstandsfähig.

Die Kehrseite
Sie sind sarkastisch, zu leichtgläubig, rastlos.

Lebensnummer 6

Personen mit dieser Lebensnummer sind harmoniebedürftig, lieben das Schöne und ihren Frieden. Sie sind familienbewusst und manche auch sehr unkonventionell.

Die Kehrseite
Es fehlt ihnen an Selbstbewusstsein, sie gehen um des lieben Friedens willen zu viele »faule« Kompromisse ein.

Lebensnummer 7

Diese Menschen sind selbstbewusst, bauen auf Eigenerfahrung. Sie sind sozial eingestellt und besitzen einen großen Gerechtigkeitssinn. Sie möchten immer wieder bestätigt werden.

Die Kehrseite
Sie sind stur, faul und neigen dazu, Dinge zu dramatisieren.

Lebensnummer 8

8er-Typen sind kreativ, logische Denker, besitzen Geschäftssinn und Durchhaltevermögen. Sie benötigen persönliche Rückzugsmöglichkeiten.

Die Kehrseite
Sie sehen die Welt nur von ihrer schlimmsten Seite und sind rücksichtslos.

Lebensnummer 9

Diese Personen nehmen ihre Verantwortung anderen gegenüber so ernst, dass sie sich selbst dabei vergessen. Sie sind analytische Denker, die alles lieber über den Verstand als über die Gefühle laufen lassen.

Die Kehrseite
Wenn sie einmal zu einer bestimmten Ansicht gelangt sind, kann man sie vom Gegenteil fast nicht mehr überzeugen. In ihrer Gutmütigkeit lassen sie sich zu leicht ausnützen und wissen sich nicht abzugrenzen.

Lebensnummer 11

Menschen mit der Lebensnummer 11 sind sehr sensibel. Sie sind menschenfreundlich mit einem tiefen Verständnis für andere. Sie gehen Stress und Schwierigkeiten möglichst aus dem Weg und ziehen sich in ihr Schneckenhaus zurück.

Die Kehrseite
Sie sind hinterhältig, gemein; viele fühlen sich sehr schnell, wenn auch meistens zu Unrecht, angegriffen.

Die Lebensnummer hat zwei verschiedene Funktionen im Geburtsdatum: Zum einen bildet sie einen gewichtigen Teil einer Grundveranlagung, die durch die anderen Zahlen im Geburtsdatum verstärkt oder abgeschwächt werden kann, zum anderen ist sie das Verbindungsglied zwischen den Aussagen der Geburtszahlen und des Namens. Die Lebensnummer zeigt Ihnen nämlich auch die Anzahl der Möglichkeiten auf, die Sie in Ihrem Leben besitzen, und die Analyse des Namens gibt Hinweise auf die Nutzbarkeit Ihres Potenzials.

Die Lebensnummer zeigt Ihnen die Anzahl der Möglichkeiten, die Sie im Leben besitzen.

Der Name bestimmt, wie Sie die Zahlen Ihres Geburtsdatums nutzen. Er ist der ausschlaggebende Faktor bei Zwillingen oder Mehrlingsgeburten.

Die Verbindung zwischen Lebensnummer und Name (siehe gleich) ist sehr eng. Durch die Analyse des Namens erfahren Sie, wie hoch oder niedrig Ihre Motivation ist, ausgedrückt in der Seelen- und Motivationszahl. Der Name sagt Ihnen auch, wie viele verschiedene Talente Sie nutzen können, was wiederum in der Ausdrucks- und Talentzahl gezeigt wird. Diese beiden Zahlen stehen in Beziehung zu angegebenen Möglichkeiten in Ihrer Lebensnummer.

Es gibt Menschen, die äußerst frustriert sind, weil sie wissen, dass sie mehr erreichen könnten. Sofern isolierte Zahlen hier keine Rolle spielen, kann die Seelen- und Motivationszahl sehr hoch sein, z. B. eine 9, die Ausdrucks- und Talentzahl aber sehr niedrig, z. B. eine 2, und die Lebensnummer eine 7. Anhand der Analyse erkennt man, dass der Betroffene seine hochfliegenden Pläne nur schwer umsetzen kann, da seine niedrige Ausdrucks- und Talentzahl seine hohe Motivation bremst. Mit einer hohen Lebensnummer weiß er, dass er mehr erreichen könnte.

Umgekehrt kann einer eine sehr hohe Ausdrucks- und Talentzahl, z. B. eine 6, haben, aber eine 1 als Seelen- und Motivationszahl. Dann wird er sich auf eine Sache konzentrieren, auch wenn er weiß, dass er in seinem Tun vielfältiger sein könnte – er hält es nur nicht für nötig. Auch wenn die Lebensnummer hier beispielsweise eine 5 ist, wird das hohe Talentpotenzial nicht ausgeschöpft. Idealerweise sollten die drei Zahlen nicht zu weit auseinander liegen.

Der Name

In der numerologischen Analyse ist der Name ein ganz wichtiger Teil und die einzige Variable in unserem Geburtsdatum. Viele Menschen sind sich nicht bewusst, welchen Einfluss der Name auf ihre Talente, Charakteristika und Fähigkeiten ausübt. Der Name bestimmt, welche Schwerpunkte Sie bei Ihren mitgebrachten Fähigkeiten, die in Ihrem Geburtdatum zum Ausdruck kommen, setzen werden. Angenommen, Sie haben am 24.7.1963 Ihren Geburtstag, dann stellt sich dieser im Numerologischen Quadrat folgendermaßen dar:

Sie haben, wie unschwer zu erkennen ist, in Ihrem Geburtsdatum die praktische Ebene, d.h. 1–4–7, und als Lebensnummer die 5. Wenn sich nun Ihr Name in der Quersumme der Vokale (Seelen- und Motivationszahl) und des gesamten Namens (Ausdrucks- und Talentzahl) noch einmal zu einer 4 bzw. 7 rechnet, dann werden Sie in Ihrem Leben diesen praktischen Fähigkeiten den Vorrang vor all Ihren anderen Möglichkeiten und Potenzialen in Ihrem Geburtsdatum geben.
Doch was würde geschehen, wenn Sie Ihren Namen änderten? Hier ein anschauliches Beispiel:

Wenn Sie mit der Namensänderung bei der Seelen- und Motivationszahl auf eine 3 bzw. bei der Ausdrucks- und Talentzahl auf eine 5 kommen, dann werden Sie »plötzlich« ganz andere Prioritäten setzen und sich mehr auf Ihr geistiges Potenzial (Ebene 1–2–3) besinnen, nicht so sehr in seiner praktischen Form als vielmehr in Richtung Nachdenklichkeit. Auch wird Ihr Freiheitsdrang, der durch die Lebensnummer 5 bereits vorhanden ist, ausgeprägter sein. Wie Sie sehen, fallen die praktischen Fähigkeiten aus Ihrem Geburtsdatum nicht heraus, aber andere Dinge werden »plötzlich« wichtiger, bestimmender.

Was bei einer Namensänderung geschieht

Man hört immer wieder, dass Menschen heiraten, und plötzlich haben sie das Gefühl, dass sich der Partner vollkommen verändert hat. Dies wird oft der Tatsache zugerechnet: Jetzt hat er oder sie den Ring am Finger, jetzt zeigt er bzw. sie sein/ihr wahres Gesicht.

Bis vor nicht allzu langer Zeit hat grundsätzlich nur die Frau ihren Namen geändert und damit die Qualitäten und Potenziale, die ihr ihr früherer Name gegeben hat, aufgegeben. Wenn eine Frau z. B. vor der Ehe recht lebenslustig war und nach ihrer Hochzeit plötzlich keine rechte Lust auf Trubel und viele Leute mehr verspürt, kann es sein, dass sich für diese Frau durch die Namensänderung die Prioritäten geändert haben. Wenn z. B. ihr Name sich in der Seelen- und Motivationszahl oder Ausdrucks- und Talentzahl zu einer 3 gerechnet hatte, was u. a. für Geselligkeit steht, und diese Zahl 3 durch den Namenswechsel wegfällt und zudem keine 3 im Geburtsdatum vorhanden ist, wird sie jetzt andere Prioritäten setzen.

Es stimmt im Prinzip, dass sie sich nach der Hochzeit geändert hat, aber nicht, weil man sich nach dem Ringtausch nicht mehr anstrengen muss, sondern weil gewisse Eigenschaften aus dem vorigen Namen weggefallen sind und damit auch die Schwerpunkte, die sie mit diesem Namen in ihrem Leben bis dahin gesetzt hatte.

Jedes Paar sollte sich vor der Hochzeit genau informieren, inwieweit der Namenswechsel Eigenschaften aus dem Geburtsdatum beeinflussen wird. Der Namenswechsel muss nicht unbedingt negativ sein, es kann sich auch positiv auswirken.

Der Name hat aber auch noch eine andere Funktion. Die Seelen- und Motivationszahl sagt einem, wie motiviert man an eine Sache herangeht, und die Ausdrucks- und Talentzahl, wie viele Möglichkeiten oder wie viele Dinge man gleichzeitig angehen kann. Die ausgeglichenste Zahlenkombination wäre, wenn Seelen- und Motivationszahl und Ausdrucks- und Talentzahl fast gleich sind, beispielsweise eine 3 als Seelen- und Motivationszahl und eine 4 als Ausdrucks- und Talentzahl. Wenn aber, wie in der folgenden Darstellung des Datums eines am 4.6.1950 Geborenen, die Seelen- und Motivationszahl eine 1 ist und die Ausdrucks- und Talentzahl eine 8, dann ist diese 1 zu niedrig, um all die Möglichkeiten ausschöpfen zu können, die die 8 in der Ausdrucks- und Talentzahl anbietet. Irgendwie hat man im Gefühl, man könnte mehrere Dinge auf einmal anpacken, schafft es aber aus unerklärlichen Gründen dann doch nicht.

Im umgekehrten Fall, wenn die Seelen- und Motivationszahl eine 8 und die Ausdrucks- und Talentzahl eine 1 ist (siehe unten), dürfte man zwar hoch motiviert sein, alle Vorhaben reduzieren sich aber letztlich auf eine Sache.

Es gilt: Je höher die Seelen- und Motivationszahl, umso stärker die eigene Motivation. Für die Ausdrucks- und Talentzahl gilt: Je höher die Zahl, umso mehr Talente oder Möglichkeiten hat man zur Verfügung. Jemand mit einer hohen Ausdrucks- und Talentzahl wird immer versuchen, mehrere Dinge auf einmal zu machen – im Gegensatz zu einem mit einer niedrigen Zahl. Wie immer bildet die 11 eine Ausnahme, da sie stark motivieren kann und ganz plötzlich diese Motivation in sich bei der Seelen- und Motivationszahl zusammensinken lässt. Bei der 11 als Ausdrucks- und Talentzahl hingegen meint man, man könne sehr viele Möglichkeiten auf einmal wahrnehmen, die sich aber dann doch wieder nur auf zwei reduzieren. Der Grund dafür ist, dass sich die 11 auch auf eine 2 reduzieren lässt und deshalb als Einfluss nicht stabil bleibt. Dies bringt so manche Schwierigkeiten mit sich, da man sich nicht erklären kann, warum einem fortwährend Möglichkeiten zu entgleiten scheinen, oder warum man plötzlich jegliche Motivation verliert.

Sie sehen also, wie wichtig eine Namensgebung sein kann, und deshalb werden auch immer wieder Erfolge vermeldet, wenn Menschen den Namen ändern. Doch sollte man bei einem solchen Schritt Vorsicht walten lassen, denn die Energien, die dabei geändert werden, können sich durch unüberlegtes Handeln auch negativ auswirken, d.h., man erreicht das Erhoffte nicht.

Kinder, Geburtsdatum und der Name

Als Eltern geht man natürlich gerne davon aus, dass die eigenen Kinder so sind wie man selbst. Das ist sehr oft ein Wunschdenken, denn die Kinder bringen ganz andere Talente und Fähigkeiten mit in diese Welt; sie sind auch in einem Zeitgeist geboren, der von der Jahreszahl bestimmt wird. Schon aus diesen Gründen haben sie andere Vorstellungen vom Leben als ihre Eltern.
Was die Kinder betrifft, die in den 80er Jahren geboren wurden, höre ich Eltern immer wieder klagen, sie seien so wenig motiviert. Das Schlagwort für diese Generation ist »Spaßgesellschaft«. Diese Kinder sind nicht weniger klug oder fleißig, als die anderer Generationen es zuvor waren, sie sind nur anders. Sie sehen die Welt mit ganz anderen Augen als ihre Eltern. Die Generation der Achtziger kann nicht einfach Belehrungen annehmen, ohne eine Erklärung dafür zu bekommen, warum sie etwas ändern sollen. Die 8 steht für logisches Denken, und wenn man an diese Kinder Forderungen stellt, muss man ihnen auch erklären, aus welchen Gründen man sie stellt.

Eltern, deren Kinder in den 90er Jahren geboren wurden, wissen, wie schwierig es ist, diese beschäftigt zu halten. Sie sind sehr schnell gelangweilt. Es herrscht hier die doppelte 9 vor, und diese verleiht den Kindern ausgeprägte analytische Fähigkeiten. Das Datum eines am 12.8.1998 geborenen Kindes mit der Lebensnummer 11 lässt sich grafisch folgendermaßen veranschaulichen:

		99
2		88
11		

Mein Ratschlag: Kaufen Sie diesem Kind einen Computer, um seine logischen und analytischen Fähigkeiten zu fördern und die geistige Energie voll zu nutzen. Lassen Sie sich nicht davon täuschen, wenn diese Kinder scheinbar Konzentrationsschwächen haben; ich würde sagen: Sie sind eher gelangweilt. In den 90er Jahren geborene Kinder müssen gefordert werden. Ge-

ben Sie Ihrem Kind als Herausforderung eher eine schwierigere Aufgabe als eine leichtere.
Ganz anders verhält es sich ab dem Jahr 2000. Aus dem Geburtsdatum sind die stereotypen Zahlen 1 und 9 entfallen, die uns beide mit ihren Charaktereigenschaften bis dahin in gewissem Maße geprägt haben. Doch die Kinder des Jahres 2000 werden andere Fähigkeiten entwickeln und auch andere Prioritäten setzen. Sie alle besitzen eine ausgeprägte Intuition; auch werden für sie das Miteinander und die geistige Welt wieder eine größere Rolle spielen als für uns. Die Zahl 2 repräsentiert das Gemeinsame, das Wirdenken. Diese Charakteristiken bringen künftig alle Menschen mit auf diese Welt.
So ein Geburtsdatum kann allerdings für die nächsten Jahrzehnte sehr einseitig sein, wie am Beispiel von Michael Peter Loeffler, geboren am 2.10.2000, mit der Lebensnummer 5 zu erkennen ist (rechts Mitte).
Wie Sie sehen, herrschen hier die Eigenschaften der 1 und der 2 vor, und zwar im Geburtstag, im Geburtsmonat und auf dem Numerologischen Quadrat. Diese beiden Zahlen sind als solche bereits gegensätzlich: die ichbezogene 1 und die wirbezogene 2.

Die Lebensnummer (2 + 1 + 2 + 0 + 0 + 0 = 5) ist eine freiheitsliebende 5, außerdem hat das Kind durch seinen Namen als Seelen- und Motivationszahl und Ausdrucks- und Talentzahl noch jeweils eine 5 mitbekommen. Das bedeutet, dass der Freiheitsdrang und ein unruhiges Leben sehr ausgeprägt sein werden und beides so wie die 1 in vielem im

Gegensatz zur 2 steht, die sich eigentlich mehr Ruhe und Beschaulichkeit wünscht.
Wenn man allerdings den zweiten Vornamen weglässt, dann rechnen sich die Seelen- und Motivationszahl und die Ausdrucks- und Talentzahl zu einer 4.

Dies würde dem Kind zwar immer noch ein unruhiges Leben bescheren, ihm aber auf der anderen Seite auch mehr Stabilität verleihen. Die 2 im Jahr 2000 hat sehr viel Kraft, da hinter der 2 dreimal die 0 steht, die die 2 verstärkt. Man würde also den Konflikt zwischen der 1 und der 2 sowie der 2 und der 5 etwas mildern. Deshalb ist es so wichtig, den Namen erst dann auszusuchen, wenn das endgültige Geburtsdatum feststeht. Dabei ist auch auf die Ausgeglichenheit zwischen Seelen- und Motivationszahl und Ausdrucks- und Talentzahl zu achten.

Abschließend zu diesem Unterkapitel noch ein grundsätzliches Wort zur heute so umstrittenen und viel diskutierten Erziehung. Um Kinder beispielsweise als Pädagoge in ihrer Persönlichkeitsentwicklung richtig zu fördern, wäre es sicher sehr hilfreich, die unterschiedlichen Veranlagungen und Begabungen der Kinder besser zu erkennen. Mir fällt auf, dass Lehrer zunehmend Kinder, die in den 80er Jahren geboren sind, nicht mehr »erreichen« und an ihnen vorbeireden. Für diese Kinder ist die Fragestellung der Lehrer in vielen Fällen nicht nachvollziehbar. Die Kinder sind mehrheitlich nicht weniger begabt als frühere, sie sind nur äußerst logische, bisweilen pragmatische Denker. Wenn ein Lehrer, der mindestens in den 70er Jahren oder früher geboren sein muss, logisch geringer veranlagt ist, wird die Kommunikation mit seinen Schülern eine sehr frustrierende Sache sein. Diesen Punkt gilt es für beide Seiten ins Auge zu fassen.

Die Numerologie hilft, Begabungen und Veranlagungen von Kindern zu erkennen und zu fördern.

Die Zahlen des Namens

Es ist denkbar einfach:
Um die Zahlen des Namens zu ermitteln, werden den Zahlen 1 bis 9 die Buchstaben der Reihe nach zugeordnet. Die Umlaute ü, ä, ö werden zu ue, ae, oe und scharfes ß wird in zwei s umgewandelt.

1	2	3	4	5	6	7	8	9
a	b	c	d	e	f	g	h	i
j	k	l	m	n	o	p	q	r
s	t	u	v	w	x	y	z	

Deutung der Seelen- und Motivationszahl bzw. Ausdrucks- und Talentzahl

Die Seelen- und Motivationszahl ermitteln Sie aus der Quersumme aller Vokale Ihres Namens, die Ausdrucks- und Talentzahl ergibt sich aus der Quersumme aller Buchstaben.

1 als Seelen- und Motivationszahl

Die 1 als Seelenzahl verleiht Zielstrebigkeit und Unabhängigkeit. Diese Menschen fädeln eine Sache lieber ein, als dass sie sich treiben lassen. Als Motivationszahl ist die 1 eher niedrig und einseitig.

Die Kehrseite
Sie sind egoistisch, ungeduldig, dominant.

1 als Ausdrucks- und Talentzahl

Personen mit der Ausdruckszahl 1sind selbstbewusst, willensstark und konzentrieren ihre ganze Kraft auf eine Sache.

Die Kehrseite
Wenn sie nicht zur Einsiedelei neigen, sind sie außerordentlich aggressiv, dominant, stur und egoistisch.

2 als Seelen- und Motivationszahl

Menschen, die die Seelenzahl 2 haben, zeichnen sich durch Familiensinn, Sensibilität, Takt, diplomatisches Geschick und Freundlichkeit aus.

Die Kehrseite
Sie sind hypersensibel, geben zu schnell nach, lassen sich leicht ausnutzen.

2 als Ausdrucks- und Talentzahl

Personen mit der 2 als Ausdruckszahl sind rücksichtsvoll, höflich, können gut im Team arbeiten und verfügen über diplomatisches Geschick.

Die Kehrseite
Sie sind ängstlich, hypersensibel, schüchtern.

3 als Seelen- und Motivationszahl

Die 3 als Seelenzahl deutet an, dass man gerne Menschen um sich hat, das Leben optimistisch sieht, seelisch stabil ist und geschickt zu reden weiß.

Die Kehrseite
Diese Personen reden zu viel, verschwenden Zeit und Energie, verzetteln sich.

3 als Ausdrucks- und Talentzahl

Menschen mit der 3 als Ausdruckszahl verfügen über Sprachtalent, verstehen mit anderen Menschen umzugehen, sind charmant, sehr gesellig.

Die Kehrseite
Sie können mit Worten verletzend sein, klatschen gerne, machen mehrere Dinge gleichzeitig und bringen nichts zu Ende.

4 als Seelen- und Motivationszahl

Routine und Ordnung, Verlässlichkeit und Verantwortungsbewusstsein sind die Kennzeichen der Menschen mit der 4 als Seelenzahl. Außerdem sind sie praktisch veranlagt.

Die Kehrseite
Sie sind engstirnig, kleinlich, dominant.

4 als Ausdrucks- und Talentzahl

Die 4 als Ausdruckszahl schenkt den Personen Organisationstalent, Verantwortungsbewusstsein, Ehrlichkeit, Treue, Geduld, Ausdauer.

Die Kehrseite
Sie sind engstirnig, kompromisslos, verzetteln sich hoffnungslos im Detail.

5 als Seelen- und Motivationszahl

Diese Menschen sind vielseitig, enthusiastisch, freiheitsliebend, spontan; viele reisen gerne und lieben die Abwechslung.

Die Kehrseite
Sie sind ungeduldig, sprunghaft, verantwortungslos, mögen keine Routine.

5 als Ausdrucks- und Talentzahl

Dieser Typ ist freiheitsliebend, enthusiastisch, fortschrittlich, sucht immer wieder das Neue, reist gerne, weiß sich immer geschickt anzupassen.

Die Kehrseite
Er ist ruhelos, mag keine Routine, verliert die Übersicht.

6 als Seelen- und Motivationszahl

Personen mit der 6 als Seelenzahl sind familienbewusst, sympathisch, hilfsbereit, verständnisvoll, harmoniebedürftig, großzügig.

Die Kehrseite
Sie sind sentimental, gefühlsduselig, klammern, haben kein Selbstbewusstsein und drohen in Selbstzweifeln unterzugehen.

6 als Ausdrucks- und Talentzahl

Großzügig, verständnisvoll, familienorientiert, harmoniebedürftig, hilfsbereit, gewissenhaft sind diese Menschen.

Die Kehrseite
Sie verlangen zu viel von sich, bis hin zur Selbstaufgabe; sie haben kein Selbstbewusstsein, sind ängstlich.

7 als Seelen- und Motivationszahl

Dieser Menschenschlag ist selbstbewusst, fleißig, sozial engagiert, gerechtigkeitsliebend, perfektionistisch.

Die Kehrseite
Sie sind starr, verständnisarm, nur die eigene Meinung zählt; durch zu starkes Beharren auf dem eigenen Standpunkt verspielen sie eventuelle Chancen.

7 als Ausdrucks- und Talentzahl

Kühl-rationales Vorgehen, Hang zum Perfektionismus, selbstbewusstes Handeln kennzeichnen diesen Typ.

Die Kehrseite
Er versteckt seine Gefühle und Verletzlichkeit, teilt eher aus, ist intolerant.

8 als Seelen- und Motivationszahl

Menschen mit der 8 als Seelenzahl haben Selbstvertrauen, Energie, Ehrgeiz, einen ausgeprägten Geschäftssinn und Kreativität.

Die Kehrseite
Sie denken negativ, sind materialistisch und unflexibel.

8 als Ausdrucks- und Talentzahl

Diese Personen haben Ehrgeiz, Selbstvertrauen, Organisationstalent, denken logisch.

Die Kehrseite
Sie kennen nur ihre eigene Meinung, sind sehr negativ und unfähig zu handeln.

9 als Seelen- und Motivationszahl

Die 9 stärkt das Verantwortungsgefühl, schenkt Freundlichkeit, Hilfsbereitschaft und Toleranz.

Die Kehrseite
Diese Menschen übernehmen sich leicht, sind sehr emotional, kritisch, launisch.

9 als Ausdrucks- und Talentzahl

Personen mit der 9 sind verständnisvoll, tolerant, hilfsbereit, idealistisch, beruflich ehrgeizig.

Die Kehrseite
Sie sind egoistisch, gefühllos, entscheiden nur über den Kopf.

11 als Seelen- und Motivationszahl

Diese Menschen haben hohe Ideale, sind intuitiv, sehr sensibel, manchmal weltfremd.

Die Kehrseite
Sie verlieren Motivation und Selbstvertrauen, belügen sich.

11 als Ausdrucks- und Talentzahl

Dieser komplizierte Typ ist hoch sensibel, idealistisch eingestellt, erwartet viel von seinem Umfeld; scheinbar verfügt er über sehr viele Möglichkeiten, die aber immer wieder auf nur zwei reduziert werden.

Die Kehrseite
Er entzieht sich jeder Auseinandersetzung, ist gefühllos, nur auf seinen Vorteil bedacht, egoistisch.

Ausdrucks- und Talentzahl sowie Seelen- und Motivationszahl haben eine doppelte Funktion: Zum einen verstärken sie die Zahlen auf dem Numerologischen Quadrat und die mit ihnen verbundenen Veranlagungen, zum anderen sind sie Verbindungsglieder zu den Möglichkeiten des Lebens. Wie leicht oder schwierig es sein wird, gesteckte Ziele zu erreichen, hängt von der Balance zwischen ihnen ab. Sind sie ausgewogen, verläuft der Weg harmonischer, als wenn zwischen Seelen- und Motivationszahl und Ausdrucks- und Talentzahl sowie der dazugehörigen Lebensnummer eine zu große Diskrepanz besteht.

Die Lebenspyramide und ihre Dachzahlen

Unser Leben ist in einem immerwährenden Fluss, der von uns eine ständige Entwicklung verlangt. Unser Geburtsdatum zeigt uns, ab welchem Lebensalter wir unter dem Einfluss einer bestimmten Zahlenqualität stehen, die uns dann neun Jahre lang begleitet. Diese Zahlen weisen uns darauf hin, welches Thema uns während dieser neun Jahre beschäftigen wird; an ihm sollen wir wachsen und reifen.

Solche Wechsel finden viermal im Leben statt. Für manche Menschen beginnen diese Zeiten sehr dramatisch, für andere sind sie mit einschneidenden und tiefen Erlebnissen verbunden. Bei manchen ist es nur ein neuer Gedankenanstoß, eine Beförderung, etwas Leises, das sie doch auf ihrem weiteren Lebensweg beeinflussen wird. Der Einfluss der vierten und letzten so genannten Dachzahl bleibt dann ein Leben lang erhalten.

Diese wechselnden Umstände im Leben machen sich nicht von heute auf morgen bemerkbar, sie kündigen sich meist schon eine lange Zeit vorher an. Wenn z. B. eine Ehe endgültig in die Brüche geht, dann hat man schon lange Zeit davor gewusst, dass etwas nicht in Ordnung ist, auch wenn man die Augen davor verschlossen hat.

Oder es kommt ein Berufswechsel, den man lange nicht wagen wollte, obwohl man wusste, dass man ihn machen sollte. Vielleicht ist dieser Wechsel auch die logische Fortführung eines vorangegangenen Tuns, wenn man z. B. einen Schulabschluss geschafft hat. Wenn das Leben in dem gewählten Beruf plötzlich sehr schwierig wird, wird man darauf hingewiesen, dass man einen Berufswechsel oder einen Wechsel der Arbeitsstelle in Betracht ziehen sollte. Wer für diese Hinweise offen ist, stellt später oft fest, dass er oder sie »plötzlich« eine viel bessere Stelle gefunden hat. Dieser innere Drang oder innere Druck begleitet uns also bereits eine Weile, ehe der Wechsel dann tatsächlich vollzogen wird.

Sehr oft, wenn ich sagen höre, »Und plötzlich hat sich mein ganzes Leben geändert«, sehe ich mir sofort die Dachzahlen der Person an. Man kann dann sehr schnell erkennen, warum sich das Leben eines Menschen geändert hat und unter welchem Einfluss dieses Leben in den nächsten neun Jahren bleiben wird.

Die Dachzahlen stellen also

einen neuen Einfluss dar und geben uns eine neue Lektion in unserem Leben auf, an der wir wachsen sollen.
Der Beginn dieser Dachzahlen errechnet sich aus der Meisterzahl 36, von der die Lebensnummer abgezogen wird. Greifen wir, um eine Dachzahl zu errechnen und die Lebenspyramide zu erstellen, auf das Geburtsdatum der Brigitte Schumann, den 21.4.1963, zurück.
Man nimmt die Quersumme aus Geburtstag, -monat und -jahr und trägt sie wie folgt in die Lebenspyramide ein. Der Geburtstag kommt in die Mitte, der Monat links davon und das Jahr rechts.

Geburtsmonat + Geburtstag + Geburtsjahr

Der erste Wechsel hat für Brigitte Schumann mit 28 Jahren begonnen, und zwar weil die Quersumme ihres Geburtsdatums die Lebensnummer 8 ist, und diese von der Meisterzahl 36 abgezogen wird (36 – 8 = 28). Für die erste Dachzahl addiert man Geburtstag und -monat (3 + 4 = 7).

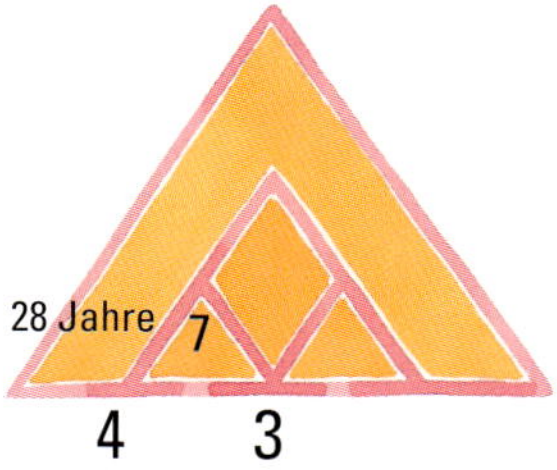

Geburtsmonat + Geburtstag + Geburtsjahr

Die zweite Dachzahl beginnt neun Jahre später, hier mit 37, und errechnet sich aus dem Geburtstag und dem Geburtsjahr: 3 + 1 = 4. (Die Quersumme von 1963 ist 1.)

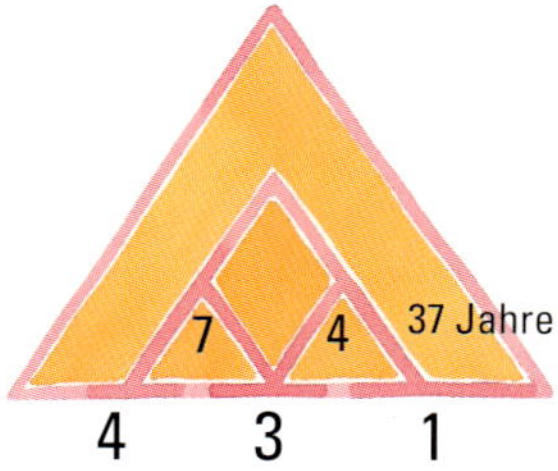

Geburtsmonat + Geburtstag + Geburtsjahr

Die dritte Dachzahl beginnt mit 46 Jahren und ist die Summe aus der ersten und zweiten Dachzahl, hier 7 + 4 = 11.

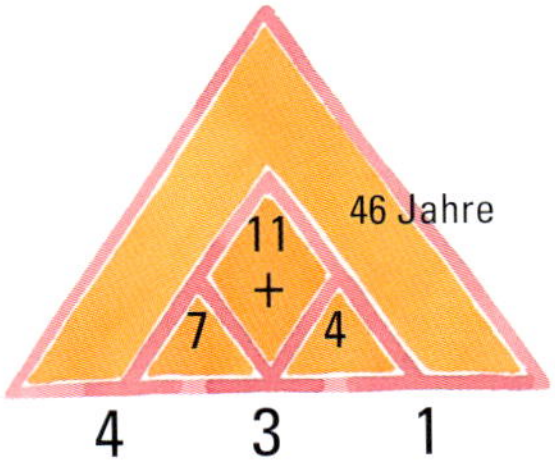

Die vierte Dachzahl beginnt mit 55 Jahren und ist die Summe aus Geburtsmonat und Geburtsjahr, hier die 5.

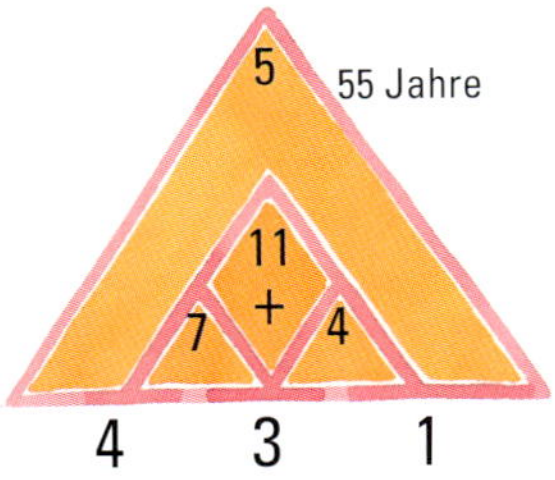

Brigitte Schumann wird ab dem 55. Lebensjahr unter dem Einfluss der 5 bleiben.

Deutung der Dachzahlen

Dachzahl 1

Oft ist die Dachzahl 1 mit einem einschneidenden Wechsel verbunden. In dieser Zeit wird das Erlernen von Unabhängigkeit und Durchsetzungsvermögen verlangt – eine große Chance von einem wirklichen Neuanfang. Unter dieser 1 ist dem Betreffenden die Aufgabe gestellt, selbstständig zu werden, sich zu behaupten, seinen Weg zu suchen, bis man ihn gefunden hat. Es ist möglich, dass man mehrere Versionen ins Auge fasst, ehe man das Richtige findet. In dieser Zeit fühlt man sich mitunter in der Schwebe oder verloren, aber sie sollte genutzt werden, um Kraft zu sammeln und Klarheit zu gewinnen.

Die Kehrseite
Man kann sich bisweilen sehr isoliert und einsam fühlen.

Dachzahl 2

Beziehungen und Partnerschaften werden groß geschrieben in dieser Zeit. Vielleicht trifft man einen Partner, der alles auf den Kopf stellt. Das Gemeinsame, ob geschäftlicher oder privater Natur, steht im Vordergrund. Wenn man bis dahin gewohnt war, Entscheidungen allein zu treffen, erfordert dies eine Umstellung, die nicht leicht fällt.

Die Kehrseite
Man ist schnell gestresst und kommt aus dem Gleichgewicht.

Die 5 bringt Unruhe in das Leben der Menschen. Sie bekommen die Chance, Neues zu wagen.

Dachzahl 3

Geistige Aktivitäten, neue Ideen und Pläne prägen diese Zeit. Auch das Aufarbeiten der Vergangenheit wird ein Thema sein, dem man sich stellen sollte.

Die Kehrseite
Man wird von der Vergangenheit eingeholt, wenn man sich ihr nicht stellt.

Dachzahl 4

Es werden praktische Fähigkeiten entwickelt, die einen selbst überraschen. Großes Wachstum und Errungenschaften sind möglich.

Die Kehrseite
Man wird sehr egoistisch in der Ausführung seiner Ziele. Etwas mehr Einfühlungsvermögen ist gefragt.

Dachzahl 5

Eine Zeit großer Unruhe, unbekannter Sehnsüchte und des Drangs zu neuen Ufern bricht an. Sie kann das ganze Leben aus der Bahn werfen und gibt die Chance, Neues zu wagen.

Die Kehrseite
Zu viele vergebene Chancen: Man glaubt, man habe die Kontrolle verloren.

Dachzahl 6

Es beginnt eine Zeit, die sehr viel mit Familienangelegenheiten im weitesten Sinne zu tun hat; auch eine Zeit für neue Partnerschaften oder die Erfüllung eines lang gehegten Vorhabens.

Die Kehrseite
Es wird großer persönlicher Einsatz verlangt, der sehr viel Stress mit sich bringen kann.

Dachzahl 7

Emotional wird einem sehr viel abverlangt. Eine neue Chance tut sich auf, alte Fehler zu richten und von vorn anzufangen. Die Verantwortung für sich zu übernehmen ist ein Thema, ebenso das Überdenken des eigenen Lebens und Handelns.

Die Kehrseite
Trennungen, seien es Freundschaften, Beruf oder Partner, sind oft ein Teil dieser schwierigen emotionalen Zeit.

Dachzahl 8

Wenn man einen Berufswechsel geplant hat, dann kann dieser jetzt wie von selbst Wirklichkeit werden. Neue Kreativität und Ideenreichtum zeigen sich jetzt. Pläne nehmen Gestalt an.

Die Kehrseite
Man überschätzt sich finanziell oder übernimmt sich körperlich. Jetzt heißt es einen kühlen Kopf bewahren und seine Chancen realistisch einschätzen.

Dachzahl 9

Mehr Verantwortung wird von einem verlangt. Man gewinnt an Verständnis und Mitgefühl für seine Mitmenschen. Verantwortung auch gegenüber der eigenen Person ist ein Thema: Was man anderen an Hilfsbereitschaft entgegenbringt, sollte man auch sich selbst zukommen lassen.

Die Kehrseite
Man übernimmt sich oder lässt sich ausnutzen.

Dachzahl 11

Manch einer hat das Gefühl, der Boden unter seinen Füßen sei wie weggezogen. Die erhöhte Sensibilität verunsichert viele Menschen. Sich mehr auf seine innersten Gefühle einlassen, mehr in sich hören und mehr von sich geben – das sind die Themen.

Die Kehrseite
Man ist so durcheinander, dass man die innere Unsicherheit an seinem Umfeld auslässt. Auf diese Weise schafft man sich erst die Probleme, vor denen man sich fürchtet.

Dachzahlen zeigen uns die Einflüsse, unter denen wir neun Jahre lang stehen. Dabei hat jede Zahl ihren eigenen Charakter und ihre eigene Lektion.

- Die 1 verlangt Zielstrebigkeit und den Mut, Neues zu wagen.
- Die 2 lässt Partnerschaften im Geschäftsleben eingehen, die für die Zeit dieses Einflusses meist sehr harmonisch verlaufen; im privaten Bereich trifft man oft einen seelenverwandten Partner.
- Die 3 beschert viel geistige Mobilität und neuen Ideenreichtum, verlangt aber auch, dass man sich mit seiner Vergangenheit auseinander setzt.
- Die 4 gibt Zähigkeit und neue oder verstärkte praktische Fähigkeiten, mit denen man umzugehen lernen muss, ohne sich zu überschätzen.
- Die 5 fängt oft mit einem Paukenschlag an und bringt Unruhe in das Leben. Hier sollte man mehr Flexibilität und auch Spontaneität lernen.
- Die 6 bringt oft neue Harmonie in eine brüchige Partnerschaft, oder man geht eine neue harmonische Beziehung ein. Leben mit der Familie ist das große Thema.
- Die 7 veranlasst, alte Fehler zu korrigieren, und beginnt deshalb meist sehr schmerzhaft. Sie gibt einem jedoch die Chance, sein Leben völlig neu zu ordnen.
- Die 8 gibt Kraft und verleiht neuen Geschäftssinn. Pläne werden verwirklicht – es scheint alles wie von selbst zu laufen.
- Die 9 verlangt zusätzliche Verantwortung den Mitmenschen, aber auch sich selbst gegenüber, was manchmal schwieriger ist.

Jede Dachzahl hat ihren eigenen Charakter und ihre eigene Lektion. Die 3 beschert Ihnen neue Ideen und geistige Mobilität.

Das Persönliche Jahr

Unser ganzes Leben lang werden wir von einem Persönlichen Jahr begleitet, das sich in einem Zyklus von neun Jahren bewegt, um dann wieder mit einer 1 neu zu beginnen.
Ihr erstes Persönliches Jahr ist Ihre Lebensnummer, die Quersumme der Ziffern Ihres Geburtstages. Sie beginnen also Ihr Leben nicht mit einem Persönlichen Jahr 1, sondern bereits auf einer bestimmten Ebene. Persönliche Jahre gelten von Geburtstag zu Geburtstag und errechnen sich immer aus der Quersumme Ihres Geburtstages plus Geburtsmonat plus letztes Geburtsjahr.
Wenn wir das Geburtsdatum der Brigitte Schumann nehmen und das Persönliche Jahr im Mai für das Jahr 2000 ermitteln wollen, so ergibt sich folgende Rechnung: 21.4.2000 =2+1+4+2+0+0+0+0=9.
Das Jahr 2000 war also eines, in dem Altes abgeschlossen wurde, um Neues zu beginnen. Ein Persönliches Jahr 9 fällt auch immer zusammen mit dem ersten Jahr einer Dachzahl. Man kann nicht wirklich Neues beginnen, wenn man mit der Vergangenheit nicht abschließen kann. Deshalb ist ein Persönliches Jahr 9 oft eine schwierige Zeit, weil es einen Wechsel erfordert.
Auch in diesem Fall wird die 11 nicht auf eine einstellige Zahl reduziert, sondern gesondert gewertet, da sie sich anders verhält als die 2.

Deutung der Persönlichen Jahre

Persönliches Jahr 1

Dieses Jahr bietet die Möglichkeit zu einem Neubeginn. Man verlangt nach mehr Selbstständigkeit und versucht, seine Vorstellungen durchzusetzen.

Die Kehrseite
Man fühlt sich sehr isoliert, oder in einer Partnerschaft verlangt man mehr Eigenständigkeit und destabilisiert den Freiraum und damit die Partnerschaft.

Persönliches Jahr 2

Im Mittelpunkt dieses Jahres steht die Partnerschaft, und zwar im geschäftlichen oder privaten Sinn.

Die Kehrseite
Man kann seine eigenen Interessen nicht vertreten und lässt sich ausnutzen.

Persönliches Jahr 11

Ein Persönliches Jahr rechnet sich oft statt zu einer 2 zu einer 11 und wird dann als Qualität der 11 gewertet. Dieses Persönliche Jahr kann sehr kompliziert sein. Man fühlt sich verunsichert und kommt nicht vorwärts.

Die Kehrseite
Man verliert sein Selbstbewusstsein und Selbstvertrauen. Durchhaltevermögen ist gefragt.

Persönliches Jahr 3

Pläne nehmen konkrete Formen an, man geht mehr unter Menschen. Dies ist eine gute Zeit, ein Studium zu beginnen oder einen Kurs zu belegen. Auch setzt man sich intensiv mit seiner Vergangenheit auseinander und geht neue Wege.

Die Kehrseite
Die neue geistige Energie wird verschwendet, und man verzettelt sich, weil man zu viel auf einmal will.

Persönliches Jahr 4

Das Persönliche Jahr 4 ist eine sehr bewegte Zeit, in der Pläne umgesetzt werden. Voller Arbeitseifer versucht man, seine Zukunft auf eine gute Basis zu stellen. Phasenweise fühlt man sich sehr eingeengt.

Die Kehrseite
Man wird zum Arbeitstier und vernachlässigt gröblich sein persönliches Wohlergehen. Auch verliert man immer wieder das Selbstvertrauen.

Persönliches Jahr 5

Dieses Jahr kann sehr unruhig werden, da man sich aus den Zwängen des vergangenen Jahres zu befreien versucht. Reisen, Umzug und ähnliche Veränderungen – das kann in diesem Jahr angezeigt sein. Man sollte sich viel Abwechslung gönnen, um die Unruhe abzubauen.

Die Kehrseite
Man gerät in Versuchung, alles auf einmal zu machen, und läuft dabei Gefahr, total überfordert zu werden.

Persönliches Jahr 6

Die Balance zu halten zwischen den Anforderungen der Familie und den Anforderungen des Berufs bzw. seinen eigenen Wünschen ist die Aufgabe dieses Jahres. Wenn man Single ist, kann sich der Wunsch nach einer neuen Partnerschaft erfüllen.

Die Kehrseite
Man fühlt sich total überfordert, ist verängstigt und kann sich nicht durchsetzen.

Persönliches Jahr 7

Dieses Jahr hält einen in einer emotionalen Zwickmühle. Man möchte gerne etwas Neues machen, aber nichts geht richtig voran. Dies ist ein Jahr, um Pläne zu schmieden und alte Fehler nochmals zu überdenken.

Die Kehrseite
Es herrscht großer Frust, weil nichts vorangeht. Trennungen sind sehr schmerzhaft.

Persönliches Jahr 8

Dieses Jahr bringt die Befreiung vom vorigen. Pläne lassen sich wie von selbst umsetzen, man fühlt sich voller Tatendrang und Kraft. Das Leben ist wieder im Gleichgewicht.

Die Kehrseite
Man überfordert sich und wird sehr negativ.

Persönliches Jahr 9

In diesem Jahr schließt man den Kreis einer Entwicklung und beginnt einen neuen. Jetzt heißt es, für sich selbst die Verantwortung zu übernehmen und mit der Vergangenheit und Vergangenem abzuschließen.

Die Kehrseite
Dieses Jahr ist sehr anstrengend, da zwei Strömungen zusammentreffen: ein Abschluss und ein Neuanfang, wenn man unter den Einfluss einer Dachzahl kommt.

Ob wir nun gleichzeitig unter dem Einfluss einer Dachzahl stehen oder nicht – das Persönliche Jahr hat immer einen Einfluss auf unser Leben und die Schwerpunkte, die für das Jahr gesetzt sind. Ich möchte nochmals darauf hinweisen, dass sich das Persönliche Jahr für viele zu einer 11 und nicht zu einer 2 rechnen wird. Dieses Persönliche Jahr 11 ist meist – in jeder Hinsicht – ein sehr verunsicherndes Jahr, doch sollte man sich stets vergegenwärtigen, dass es vorübergehen wird. Wenn man also in sehr großen Schwierigkeiten steckt und sich in einem Persönlichen Jahr 11 befindet, sollte man erst dessen Ende abwarten (gezählt von Geburtstag zu Geburtstag), ehe man schwer wiegende Entscheidungen trifft. Oft lösen sich schier unentwirrbare Knoten von allein, und man ist im Nachhinein froh, dass man gewartet hat.

Die Geburtszahlen zeigen Gegensätze und Spannungen in der Persönlichkeit.

Zahlen machen nicht krank

Das möchte ich hier ausdrücklich betonen, auch Zahlenkombinationen schaden der Gesundheit nicht. Es gibt jedoch Geburtsdaten, in denen die gleichen Zahlen häufig vertreten sind – dies wird im neuen Jahrtausend noch öfter der Fall sein, und dadurch kann eine Menge innerer Spannung aufgebaut werden. Es kann jemand fünfmal die 1 in seinem Geburtsdatum haben und damit wunderbar zurechtkommen, weil er den für ihn richtigen Beruf gewählt hat, meist im Bereich Kommunikation, und ein anderer kommt mit der inneren Anspannung überhaupt nicht klar, weil er sie nicht abbauen kann. Diesen Menschen hilft meistens Sport, um sich abzureagieren, wobei für Personen mit multipler 4 im Geburtsdatum Sport ein absolutes Muss ist. Ein anderes Beispiel ist die multiple 5. Diese Menschen brauchen Unruhe im Leben – wenn man sie zwingt, sesshaft zu werden, sind sie todunglücklich.
Je nachdem also, welche Einflüsse im Spiel sind, sollte man ihnen Rechnung tragen. Deshalb ist es sehr wichtig, sich seine Geburtszahlen genau anzusehen, und sich die Freiheit nehmen, seine Veranlagungen auszuleben. Wenn man aber dauernd gegen sich lebt, dann wird sich das in irgendeiner Form bemerkbar machen. Darum sollte man sich im Krankheitsfall auch fragen, was man selbst dazu beigetragen hat. Eine solche Selbsterkenntnis kann viel zur Heilung beitragen.

Spannungspunkte und Krankheiten

Oft trägt man mit sich einen inneren Konflikt aus und weiß eigentlich nicht so recht, warum. Es kann sein, dass Sie gerne helfen und sich doch ausgenutzt fühlen, bringen es aber nicht fertig, nein zu sagen. Oder es kann Ihnen passieren, dass Sie eine Partnerschaft möchten, aber sobald Sie eine eingehen, wünschen Sie sich den Partner am liebsten weit weg. Oder es gibt, um ein drittes Beispiel zu nennen, Menschen, die für ihr Leben gern einmal richtig streiten würden, aber wenn es darauf ankommt, geben sie nach und schließen einen Kompromiss. Dies bringt innere Spannungen und Unzufriedenheit mit sich. Man fragt sich: »Warum kann ich nicht so, wie ich will? Andere können es doch auch!« Das eigene Geburtsdatum gibt sehr viel Aufschluss über diese inneren Gegensätze.

Wenn jemand beispielsweise am 9. eines Monats geboren ist oder sich die Quersumme der Ziffern seines Geburtsdatums zu einer 9 addiert, dann kann man davon ausgehen, dass diese Menschen einen Hang haben, Verantwortung über die Maßen auf sich zu nehmen. Diese Menschen werden im Leben auch immer wieder zur Verantwortung gezogen; sie werden ihr auch meistens gerne gerecht, weil es ein Teil ihres Seelenbedürfnisses ist. Aber wie so oft im Leben wird diese Bereitwilligkeit schnell von anderen ausgenutzt. Es spricht sich sehr schnell herum, wenn es jemanden gibt, der immer bereit ist auszuhelfen. Diese Menschen leiden oft unter Rückenproblemen, denn sie tragen eine zu große Last.

Viele vergessen dabei, dass durch ihre 9 auch eine Verantwortung sich selbst und den eigenen Bedürfnissen gegenüber symbolisiert wird. Wenn man sich also mit seinem Geburtsdatum beschäftigt hat und weiß, woher dieses große Verantwortungsgefühl kommt, kann man durch besseres Verständnis seiner eigenen Veranlagungen diese auch besser handhaben. Vielleicht kann man lernen, sich abzugrenzen, beginnt zu üben, auch einmal nein zu sagen, ohne schlechtes Gewissen.

Dieses Helfersyndrom betrifft auch Menschen, die am 18. eines Monats geboren sind. Das heißt nicht, dass jedem anderen die Hilfsbereitschaft fehlt, sondern nur, dass Menschen mit einer solchen Veranlagung sich mehr damit auseinander setzen müssen.

Fallbeispiel 1

Wenn jemand am 1.2. geboren ist, dann sieht man auf den ersten Blick, dass hier ein Spannungspunkt besteht, denn die 1 steht für das Ich, das Ego, das, was ich will. Die 2 symbolisiert aber genau das Gegenteil, das Gemeinsame, das Wir, das Miteinander. Diese Menschen tun sich in Beziehungen oft sehr schwer, weil sie sich nicht erklären können, warum sie immer wieder die Tür hinter sich zumachen möchten, auf der anderen Seite aber den ganzen Tag am liebsten gemeinsam und eng umschlungen mit dem Partner auf der Couch sitzen. Dies verunsichert, vor allem wenn man sich seiner gegensätzlichen Veranlagungen nicht bewusst ist.
Ich kenne Menschen, die äußerst nervös und spannungsgeladen sind, weil sie mit ihrer Zwiespältigkeit nicht zurechtkommen.

Fallbeispiel 2

Ein anderes, ganz konkretes Beispiel. Jemand ist am 5.6.1954 geboren. Die 5 symbolisiert den Freiheitsdrang, die 6 den Wunsch nach Familie, Harmonie und Frieden.

Wenn man sich dazu noch das Quadrat und die Lebensnummer 3 ansieht, kann man erkennen, in welchem Konflikt diese Person sich immer wieder befinden muss. Die 5, die den Freiheitsdrang bestärkt, erscheint zweimal, und im Gegensatz dazu zeigt die Monatszahl 6 Häuslichkeit, Gemeinsamkeit, Harmoniebedürfnis. Außerdem spielt die Ebene der Zielstrebigkeit (4–5–6) eine erhebliche Rolle, denn diese Veranlagung erlaubt einem, sich anzupassen, immer in der Hoffnung, Dinge ändern zu können, wenn man will. Die Ebene der Entschlossenheit (1–5–9) wiederum symbolisiert jemanden, der die Dinge selbst in die Hand nimmt und sich nirgendwo anpasst. Sie können also erkennen, in welchem Konflikt sich dieser Mensch befinden muss.
Ich möchte hier ganz bewusst betonen: Die Veranlagungen, die durch die Zahlen symbolisiert

werden, verursachen keine Krankheiten, auch nicht die Veranlagungen, die im Gegensatz zueinander stehen. Wenn man jedoch nicht bereit ist, seine persönlichen Gegensätze in Einklang zu bringen, und sich nicht so annehmen kann, wie man ist, oder umgekehrt ausgedrückt: Wenn jemand ständig an sich herumnörgelt und etwas auszusetzen hat, sei es, dass er mit seinem Äußeren unzufrieden ist, sei es, dass er das Gefühl hat, mit anderen nicht »mithalten« zu können, dann erzeugt das innere Spannungen, die entweder in Wutausbrüchen, Nervosität, Aggression oder im schlimmsten Fall auch in Krankheiten ihren Ausdruck finden können.

Wir haben uns unsere Veranlagungen und unseren Lebensweg ausgesucht, ehe wir auf diese Welt gekommen sind, weil wir eine bestimmte Erfahrung machen und etwas Bestimmtes lernen wollten. Das bedeutet aber nicht, dass wir nun leiden sollen, vielmehr, dass wir unsere Gegensätze annehmen und aus ihnen das Beste machen. Vor allem ist aber eines ganz wichtig: Schließen Sie niemals von sich auf andere, und glauben Sie auch nicht, Sie müssten zu den gleichen Taten fähig sein wie Ihr Partner, Familienmitglieder oder wer immer für Sie wichtig ist. Jeder hat sein eigenes Talent, das es so gut wie möglich zu leben und zu erleben gilt, und dieses ist für jeden von uns einmalig und einzigartig und von niemandem zu kopieren.

Wenn Sie also herausfinden, dass Sie in Ihrem Geburtstag keine Langeweile mögen, und gleichzeitig auf Sicherheit setzen wollen wie z. B. mit einer prominenten 3 im Geburtstag und einer 4 als Lebensnummer, dann sollten Sie sich Gedanken machen, wie Sie die Fähigkeiten der 3 so einsetzen, dass Ihrem Wunsch nach Sicherheit Rechnung getragen wird und genug übrig bleibt, immer wieder spontan eine verrückte Idee umzusetzen.

Ich denke mir: Wenn man einmal erkannt hat, welche verschiedenen Eigenschaften und Charakteristika man besitzt, dann kann es sehr spannend sein, daraus das Beste zu machen. Zu sagen »Ich bin nun einmal harmoniebedürftig, ich kann nicht anders als Kompromisse schließen« heißt, das Heft aus der Hand zu geben. Ein besserer Gedanke wäre: »Wie kann ich mein Streben nach Harmonie mit meinen anderen Bedürfnissen in Einklang bringen, so dass ich nicht immer wieder den Kürzeren ziehe?«

Numerologie und die Partnerschaft

Die Numerologie in der Partnerschaft ist natürlich ein hervorragender Weg herauszufinden, wo die Gemeinsamkeiten liegen und wo die Differenzen. Es ist ganz natürlich, dass jeder seine heimlichen Wünsche und Sehnsüchte in eine Partnerschaft mit hineinprojiziert. Auch ist die Erwartungshaltung gegenüber dem Partner meist sehr groß, oft jedoch unrealistisch. Man geht davon aus, dass der Partner die gleichen Ziele, Wünsche und Vorsätze hat wie man selbst. Dass dies nicht so ist, bestätigen uns die Scheidungsraten. Aber ich denke mir, dass viele Partnerschaften oder Ehen vielleicht noch bestehen könnten, wenn die Partner ein besseres Verständnis für ihre beiderseitigen Bedürfnisse gehabt hätten. Denn ohne Verständnis, ohne eine gewisse »Frustrationstoleranz« dürfte jede Beziehung zum Scheitern verurteilt sein. Natürlich soll man sich auf den Partner einstellen, aber für einen Menschen, der am liebsten den Partner immer um sich hat, ist es sehr schwer zu begreifen, dass der andere auch außerhalb der Partnerschaft einem Hobby nachgehen muss.

Fallbeispiel 3

Eine solche Konstellation wollen wir uns am Beispiel von Helmut, geboren am 28.5.1970, und Ingeborg, geboren am 2.6.1976, näher ansehen.

Helmut

Ingeborg

Man erkennt sofort, dass Helmut durch seine Ebene der Leidenschaft (2–5–8) und zusätzlich durch seine Lebensnummer 5 einen großen Freiheitsdrang besitzt, den er unbedingt ausleben muss. Das heißt für ihn nicht, dass er seine Partnerin nicht liebt, aber es ist ihm ein Seelenbedürfnis, sich auch außerhalb seiner Partnerschaft nur für sich zu betätigen. Aus seiner Sicht ist sein Freiheitsbedürfnis keine

Zurückweisung seiner Partnerin, obwohl Ingeborg das natürlich so sieht. Ihr fällt es schwer zu verstehen, warum er am Samstag unbedingt fort muss und warum er es sich nicht »gemütlich« machen kann mit ihr.

Die auf Sicherheit bedachte Ingeborg (Lebensnummer 4) liebt ihr Zuhause, am liebsten beschäftigt sie sich im Garten oder im Haus; sie ist stolz, wie schön sie es eingerichtet hat. Obwohl Helmut es auch schön findet, ist ihm der Gedanke, nur noch zu Hause sein zu müssen, fast unerträglich.

Die Numerologie konnte in diesem Fall insofern helfen, als sie beiden gezeigt hat, warum diese so gegensätzlichen Bedürfnisse bestehen und dass diese keineswegs ein Hirngespinst oder eine billige Ausrede sind. Beide können sich jetzt überlegen, wie sie größere Toleranz üben.

Fallbeispiel 4

Probleme anderer Art haben Thomas, geboren am 1.6.1964, und seine Freundin Claudia, geboren am 3.7.1976, miteinander. Im Numerologischen Quadrat lesen sich ihre Daten wie folgt: Beide besitzen ein ausgeprägtes Harmoniebedürfnis: Thomas durch seine 6 als Geburtsmonat

Thomas

Claudia

und Claudia durch ihre 6 als Lebensnummer. Der Streit, den sie miteinander haben, entzündet sich daran, dass Claudia am liebsten jedes Wochenende Freunde zu Besuch hätte. Sie geht auch gerne aus, fühlt sich unter Menschen wohl, während Thomas der viele Trubel gar nicht liegt, den Claudia genießt. Thomas fehlt die 3 im Geburtsdatum, d.h. die natürliche Veranlagung der Geselligkeit und Liebe zu Menschen. Er kommt mit anderen nicht schlecht aus, geht aber lieber zu Hause seinem Hobby nach. Anhand der Numerologie konnte den beiden erklärt werden, warum sie in so vielen Charaktereigenschaften gleich sind und warum es beiden so schwer fällt, ihre Gegensätze zu akzeptieren. Ich habe in den verschiedenen Beispielen bewusst nicht den Namen mit ausgerechnet, da ich zeigen wollte, dass man eine Analyse zuerst auch durch das Geburtsdatum alleine machen kann. Hier gibt das Quadrat auf den ersten Blick Auskunft, wo die Gemeinsamkeiten und die Gegensätze liegen.

Numerologie und der Arbeitsplatz

In vielen Büros und Arbeitsplätzen herrschen Spannungen zwischen Arbeitskollegen, weil man sich nicht versteht. Man spricht mit einem Menschen und hat das Gefühl, dass man total aneinander vorbeigeredet hat. Wie ist das möglich? Sitzt man selbst oder der andere wirklich auf der Leitung? Nicht unbedingt. Das Geburtsdatum sagt auch etwas darüber über die Art aus, wie der Mensch denkt.
Wenn man z. B. eine 3 im Geburtsdatum hat, dann besitzt man eine schnelle Auffassungsgabe, kann aber nicht unbedingt sagen, wie man zum Ergebnis gekommen ist.
Eine 8 wiederum sagt aus, dass dieser Mensch ein logischer Denker ist, der den Verlauf einer Sache nachvollziehen muss, um sie für sich zu verstehen. Sie können sich also vorstellen, wie schwierig es sein kann, wenn sich Kollegen unterhalten, die von so unterschiedlichen Denkformen ausgehen. Die Person mit der 3 sagt: »Das machen Sie

Die Numerologie ist ein hervorragender Weg herauszufinden, wo die Gemeinsamkeiten und Differenzen in einer Partnerschaft liegen.

so, so und so. Punkt.« Die Person mit der 8 fragt: »Warum? Wieso? Wie kommen Sie darauf, dass dies so richtig ist?« Es kann leicht sein, dass sich beide unverstanden fühlen oder den anderen als begriffsstutzig abstempeln, einfach weil sie sich nicht bewusst sind, dass sie von zwei verschiedenen Arten zu denken ausgehen. Das bedeutet nicht, dass der eine Gedankengang besser ist als der andere, sie sind nur verschieden.

Wie schon erwähnt, repräsentiert die 9 das analytische Denken. 9er-Menschen müssen nicht unbedingt logisch sein, aber sie haben ihren Finger am Puls einer Sache und lassen sich dann nur selten von ihrer einmal gefassten Meinung abbringen. Da fast alle eine 9 in ihrem Geburtsdatum haben, muss schon eine Extra-9 – entweder im Geburtstag, Monat oder als Lebensnummer – hinzukommen, um das analytische Denken überdurchschnittlich auszuprägen, anderenfalls sind diese Menschen eher geradlinige Denker. Sie verstehen keine Zwischentöne, vielmehr ist der Klartext meist das einzige Kriterium.

Dies sind natürlich die Gedankengänge in ihren Grundzügen, da die gesamten Zahlen in einem Geburtsdatum diese Fähigkeiten stärken oder schwächen können. Wenn beispielsweise jemand mit einer 3 eine 8 als Lebensnummer hat, dann kann er das flexible Denken mit dem logischen Denken verbinden, und dies ist meist eine sehr gelungene Kombination.

Nun stellen Sie sich vor: In einem Büroraum sitzen vier dieser unterschiedlichen Menschen, von denen jeder das gleiche Projekt anders angehen will. Sehr wahrscheinlich reden sie aneinander vorbei, und es passiert überhaupt nichts.

Mir ist aufgefallen, dass in vielen Geschäften die Mitarbeiter ähnliche Geburtsdaten haben. Das heißt: Wer immer das Personal einstellt, sucht sich unbewusst die Personen aus, die seiner Veranlagung am nächsten sind. Es war auch festzustellen, dass in solchen Fällen eine große Harmonie und ein gutes Miteinander am Arbeitsplatz vorherrschten. Es ist also nicht unbedingt wichtig, an einem Arbeitsplatz Menschen mit diesen oder jenen Zahlen und den mit ihnen verbundenen Fähigkeiten zu vereinen, vielmehr kommt es darauf an, Menschen mit ähnlichen Veranlagungen zusammenzubringen, da aufgrund eines harmonischen Miteinander einfach besser gearbeitet wird. Das gute

Betriebsklima hilft nicht nur, den Umsatz zu verbessern, sondern ist auch Balsam für die Seele der Mitarbeiter.
Ich habe einmal das Geburtsdatum eines Mannes analysiert und ihm sofort gesagt, dass er ein großes Harmoniebedürfnis besitzt und damit Schwierigkeiten hat. Er sah mich an, mehr als erstaunt, und erzählte mir, er habe gerade ein Wochenendseminar mitmachen müssen, mit vielen Fragebögen etc., und da sei ihm das Gleiche gesagt worden. Welche Zeit und Mühe hätte sich dieser Mann sparen können, wenn er mit der Numerologie vertraut gewesen wäre!

Das Jahr 2000

Zum Schluss dieses Kapitels möchte ich zu unserem neuen Jahrtausend noch Folgendes sagen. Das Jahr bestimmt den Zeitgeist, in dem wir leben und dem wir uns nicht entziehen können. Das bedeutet, dass das Miteinander und Füreinander auch in unserer Gesellschaft wieder einen größeren Stellenwert einnehmen werden als bisher – nicht weil wir uns alle plötzlich geändert haben, sondern weil sich der Zeitgeist geändert hat. Wir haben uns diesem Zeitgeist weder in den letzten Jahrhunderten entziehen können noch in den vorangegangenen Jahrzehnten.
Um vielleicht ein Beispiel zu nennen, das noch nachzuvollziehen ist: Wir sprechen gern von den Jahrzehnten, den 50ern, den 60ern etc. Warum eigentlich nicht von den 55ern? Und warum ändert sich unsere Denkweise plötzlich, wenn sich das Jahrzehnt ändert?
Die 5 steht für Unruhe, siehe die 50er: Rock 'n' Roll, Aufbruch, Durchsetzungsvermögen. Die 6 steht für Harmonie und das Schöne, siehe die 60er mit den Hippies, dem Sinn für das Schöne, ihrem Idealismus. Die 7 steht für Selbsterfahrung und Gerechtigkeitssinn, wie in den 70ern zum Ausdruck kam. Die 8 steht für Kreativität, aber auch für Geschäftssinn, und plötzlich ging es in den 80er Jahren nicht mehr um irgendwelche Ideale, sondern um die »harte« Wirklichkeit und das Geld. Die 9 steht für die Analyse, und in den 90ern haben wir angefangen, Dinge zu hinterfragen. Wir haben begonnen, unsere Probleme in dieser Welt zu analysieren und sie nicht mit Gewalt zu lösen, sondern mit Umsicht und Vernunft.
Jetzt stehen wir unter dem Einfluss der 2, des Wir und Miteinander. Genauso, wie wir uns dem Zeitgeist der allumspannen-

den 1, dem Ego des letzten Jahrtausends, nicht entziehen konnten, werden wir uns auch dem neuen Zeitgeist des Miteinander nicht entziehen können.
Ich schätze, dass die Städteplaner in Zukunft große Schwierigkeiten haben werden, wenn sie auf Singlewohnungen gesetzt haben. Schon jetzt zeichnet sich ab, dass das Zu-zweit-Sein wieder im Kommen ist. Immer mehr Menschen wird bewusst, dass das Alleinleben und -wohnen vielleicht doch nicht das Erstrebenswerteste ist, und ich erkenne, wenn ich Menschen zuhöre, eine wachsende Bereitschaft, Kompromisse einzugehen, um eine Partnerschaft erfolgreich zu gestalten. Dies bewirkt der neue Einfluss der 2, den unsere westliche Welt jetzt erlebt.

Die Entwicklung der Menschheit

Holt man weiter aus, so lässt sich feststellen, dass über allem seit dem Jahr 1000 die 1 als übermächtiger Einfluss stand – und damit das Ich. Verfolgt man die Geschichte zurück, erkennt man, dass es im letzten Jahrtausend hauptsächlich um die Weiterentwicklung der Menschheit ging, wobei mit teilweise großer Brutalität bestimmte Ziele durchgesetzt wurden. Der Mensch unterwarf die Tier- und Pflanzenwelt, ohne über die Folgen nachzudenken.
Das gleiche Prinzip gilt für die Einflüsse der Jahrhunderte. In den Jahren ab 1400 begann der Humanismus, Einzug in das europäische Denken zu halten.

Das Millenium 1000 Stand unter dem Einfluss der 1, dem Ich. Das neue Jahrtausend steht unter dem gegensätzlichen Einfluss der 2, dem Wir.

Kolumbus entdeckte 1492 Amerika, Gutenberg erfand die Druckerpresse. Es gab zahlreiche praktische neue Denkweisen und Erfindungen, die unsere Welt verändert haben. Die Jahre ab 1500 brachten dagegen erheblich mehr Unruhe in die europäische Welt. Luther verkündete in Wittenberg seine 95 Thesen und leitete die Reformation sowie die damit verbundenen (Religions-)Kriege ein.
Ab 1600 veränderten neue Entdeckungen in der Physik, Astronomie und Medizin das Weltbild. Der Protestantismus fasste endgültig Fuß, 1648 wurde der Westfälische Friede geschlossen.
Ab 1700 brach das Zeitalter der Aufklärung mit ihren Folgen, u.a. der Französischen Revolution, an. Die 7 symbolisiert Gerechtigkeitssinn und das Recht auf eigene Erfahrungen. Der Bürger verlangte das Recht auf Selbstbestimmung und Mündigkeit.
Ab 1800 begann die Zeit der Logik, war eine Zeit des rasanten Fortschritts angebrochen. Seine Repräsentanten waren Robert Koch, Madame Curie und Albert Einstein. Der Wechsel von der bäuerlichen zur industriellen Gesellschaft wurde vollzogen. Mit wissenschaftlicher Methodik und Logik entwickelte sich der Fortschritt unaufhaltsam weiter.
Ab 1900 wurden alle Erfindungen und Entdeckungen des 19. Jahrhunderts analysiert und mit Schwindel erregender Rasanz vorangetrieben. Wenn wir die Gegenwart betrachten, dann sehen wir eine immense Völkerwanderung. Viele werden durch Kriege, wirtschaftliche Not, politische Unruhen entwurzelt.
Erst langsam beginnt man zu hinterfragen, ob das, was wir anderen Völkern, unserer Umwelt und der Natur angetan haben, wirklich sinnvoll war und wie viel Schaden wir uns damit selbst zugefügt haben. Dieses Blatt des großen Egoismus wird sich in diesem Jahrtausend, das die 2, also das Wir als den großen Einfluss in sich trägt, langsam wenden. So wenig wie wir uns den Einflüssen des vergangenen Jahrtausends mit der 1, dem Egoismus, entziehen konnten, werden wir dies auch im neuen Jahrtausend nicht tun.
Kinder, geboren nach 2000, werden eine völlig neue Einstellung zum Leben an sich und ihrer Umwelt mitbringen.
Was mich immer wieder in meiner Prognose beruhigt ist, dass die Buddhisten und Tibetaner schon längst das Jahr 2000 zählen und in ihrer Zeitrechnung ca. im Jahr 2500 sind. Schöpfen wir daraus Hoffnung.

Deutungsbeispiele

Zum Schluss dieses Buches noch einige ausführlichere Deutungsbeispiele, die die Aussagekraft und Interpretationsbreite der Numerologie belegen.

Es handelt sich dabei einerseits um ganz »normale« Menschen, aber auch um prominente Persönlichkeiten aus Politik, Sport und Showbusiness. Interessant sind vor allem die »Paarkombinationen« wie z. B. die Beckers oder die Clintons.

1. Herta Koenig, geboren am 23.5.1965

Die Persönlichkeit

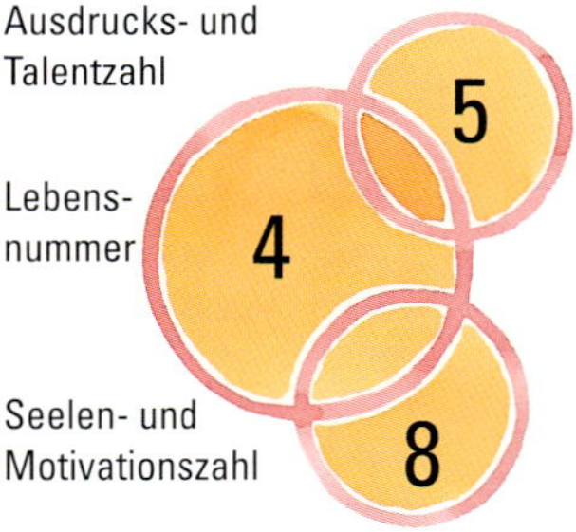

Der Lebensweg

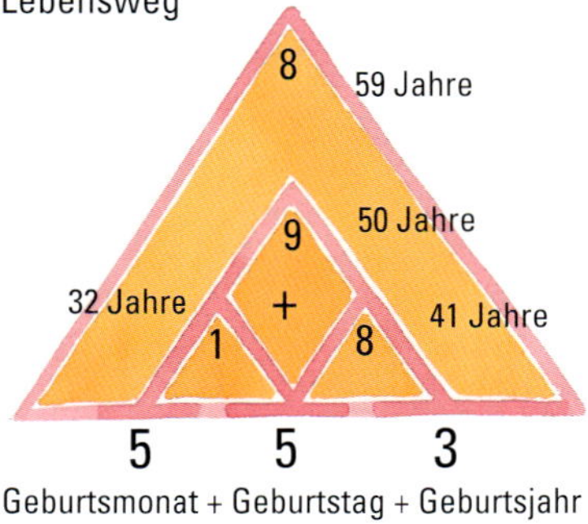

Deutung

Frau König ist am 23. des Monats geboren, ein Datum, das ihr Vielseitigkeit und einen schnellen Verstand als Veranlagung mitgibt. Der Monat 5 (Mai) beschert ihr einen Freiheitsdrang, der sich nicht unterdrücken lässt; auch wird sie immer ein etwas unruhiges Leben führen. Auf dem Numerologischen Quadrat sehen wir die Ebene der Gedanken (1–2–3), die Ebene der Emotion (3–6–9) sowie die Ebene der Entschlossenheit (1–5–9).

Frau König ist eine Frau, die sehr viel mit dem Kopf arbeitet (Ebene der Gedanken: 1–2–3), immer neue Ideen hat und Langeweile nicht vertragen kann. Die Ebene der Emotion (3–6–9) gibt ihr einen ausgeprägten Familiensinn, und die Ebene der Entschlossenheit (1–5–9) erlaubt ihr, sich Ziele zu setzen und diese auch tatsächlich zu erreichen. Viele von uns setzen sich Ziele, und manchen fällt es unendlich schwer, diese auch umzusetzen. Menschen mit der Ebene der Entschlossenheit (1–5–9) besitzen als Veranlagung die nötige Ausdauer und Willenskraft, um bei ihren Vorhaben zu bleiben und sie zu Ende zu bringen.

Frau Königs Lebensnummer ist die 4 (Quersumme aller Ziffern des Geburtsdatums). Diese verleiht Frau König eine praktische Veranlagung, aber auch ein ausgeprägtes Sicherheitsdenken. Wenn man ihr Geburtsdatum näher in Augenschein nimmt, fällt auf, dass Frau König zwei »Seelen« in ihrer Brust hat: Zum einen ist sie ein sehr freiheitsliebender, eher spontaner Mensch (5 als Monat), auf der anderen Seite muss bei ihr immer alles Hand und Fuß haben, und ein Risiko geht sie nur ungern ein (4 als Lebensnummer). Außerdem ist sie ein sehr familienbewusster Mensch (Ebene der Emotion: 3–6–9) und muss doch immer wieder ausbrechen (5 als Monat). Sie ist eine Frau, die geistig sehr mobil ist und häufig Abwechslung braucht (Ebene der Gedanken: 1–2–3); dennoch ist sie sehr häuslich (Ebene der Emotion: 3–6–9).

Es ist schwierig für Frau König, diese gegensätzlichen Veranlagungen unter einen Hut zu bringen. Sie hat sich mit ihrem Mann arrangiert und nimmt sich hin und wieder eine Auszeit, um mit ihren Freundinnen etwas zu unternehmen. Er bestätigt, dann sei mit ihr auch wieder besser auszukommen.

Frau König ist durch die 8 als Seelen- und Motivationszahl hoch motiviert, wird aber durch ihre niedrigere Talent- und Ausdruckszahl (5) immer wieder gebremst. Sie ist ein Mensch, der immer mehrere Dinge gleichzeitig tut, aber irgendwie das Gefühl hat, er könnte mehr schaffen. Die Lebensnummer 4, die ja auch ihre Chancen im Leben repräsentiert, ist ebenfalls kleiner als ihre Seelen- und Motivationszahl und trägt zu ihrer Unzufriedenheit bei. Wichtig für Frau König ist, dass sie sich auf die Dinge konzentriert, die ihr am Herzen liegen, und diese dann in die Realität umsetzt. Mit zu vielen Projekten auf einmal besteht die Gefahr, sich total zu verzetteln oder sich einfach zu viel zuzumuten.

Frau König ist mit 32 Jahren (Meisterzahl 36 – Lebensnummer 4) das erste Mal unter den Einfluss einer Dachzahl gekommen. Sie bestätigt, dass ihr 32. Jahr ein sehr schwieriges war, denn sie hatte sich beruflich verbessert, und das bedeutete, dass sie ihre alte Arbeitsstelle aufgeben musste. Auch war ihr Mann mit den neuen Arbeitszeiten anfangs nicht einverstanden, denn der neue Job verlangte von ihr Flexibilität.

In diesem Jahr war Frau König in einem Persönlichen Jahr 9, was einen Abschluss bedeutete, und das erste Jahr in einer Dachzahl 1, was eine totale Neuorientierung verlangte. Dieser Zwiespalt hat sich in der Zwischenzeit aufgelöst, denn Frau König war im Jahr 2000 in einem Persönlichen Jahr 3 (2+3+5+2+0+0+0= 12=3), und die größten Probleme haben sich für sie wie von selbst behoben.

Frau König ist richtig froh, dass sie die Anfangsschwierigkeiten durchgestanden hat. Die Dachzahl 1 verlangt von vielen Menschen eine totale Neuorientierung, die aber nicht von heute auf morgen stattfindet, sondern die sich immer schon Monate vorher ankündigt: durch eine gewisse Unzufriedenheit, Unrast, das Gefühl, man sollte vielleicht etwas ändern. Wenn man einen solchen Wechsel mitgeht, kann er zwar anfangs sehr schwierig sein, wird sich aber in den meisten Fällen als positiv erweisen.

Mit 41 Jahren kommt Frau König unter den Einfluss der Dachzahl 8, die ihr sehr viel Kraft verleihen wird. Sollte sich Frau König noch einmal beruflich verändern wollen, beispielsweise selbstständig werden oder ein kreatives Ziel verfolgen, dann ist dies eine gute Zeit.

Mit 50 Jahren kommt Frau König unter den Einfluss der Dachzahl 9; das bedeutet, dass sie herausgefordert ist, mehr Verantwortung zu tragen. Wenn sie ihre eigenen Interessen bis dahin vernachlässigt hat, heißt es auch, dass sie sich mehr um sich kümmern muss. Damit verbunden kann eine Mehrverantwortung im Beruf oder im familiären Bereich auf sie zukommen.

Mit 59 Jahren kommt Frau König noch einmal unter den Einfluss der Dachzahl 8, unter dem sie den Rest ihres Lebens bleiben wird. Frau König wird sich in ihrem Leben, denke ich, noch auf einem sehr kreativen Feld betätigen.

2. Josef Maximilian Meinrad, geboren am 12.8.2000

Die Persönlichkeit

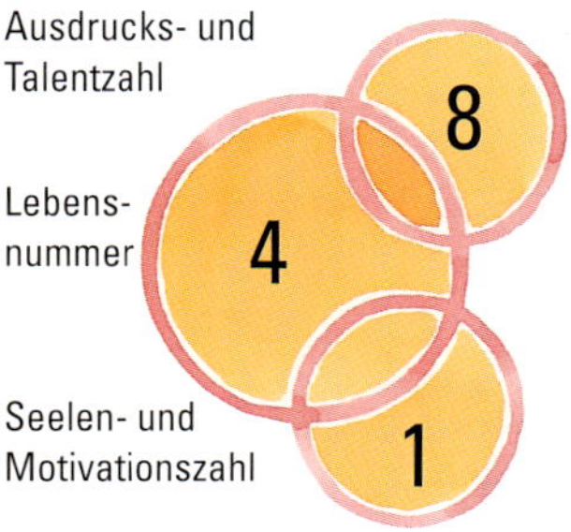

Der Lebensweg

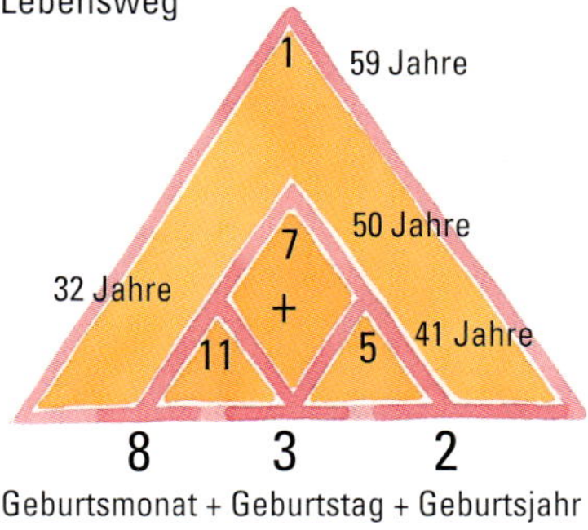

Deutung

Das Jahr 2000 war ein besonderes Geburtsjahr. Kinder, die zu dem Zeitpunkt geboren wurden, konnten sich der besonderen Aufmerksamkeit sicher sein. Dies zeigt auch das Beispiel des kleinen Josef.

Sein Geburtsdatum macht Josef neugierig, zielstrebig, und er wird mit seinen Spielkameraden gut auskommen.

Die 8 seines Monats macht ihn zu einem logischen Denker, dem man, wenn er alt genug ist, ein Verbot erklären sollte, damit er es verstehen und sich danach richten kann. Menschen mit einer prominenten 8 möchten immer wissen, warum sie eine Sache tun oder lassen sollen.

Außerdem ist Josef ein sehr kreatives Kind, und seine Eltern sollten darauf achten, ob sich diese Kreativität frühzeitig zeigt und wie man sie dann fördern kann. Bei manchen Menschen zeigt, sich die Kreativität der 8 erst sehr spät im Leben; das heißt aber nicht, dass sie nicht latent bereits vorhanden ist.

Zweimal die 2 in seinem Geburtsdatum macht ihn zu einem sehr intuitiven Menschen, der blitzschnell Spannungen in seiner Umgebung auffängt. Als Eltern sollte man sich in Zukunft nicht wundern, wenn Kinder einfach Dinge wissen, ehe man sie ihnen sagt. Alle Kinder, die im Jahr 2000 geboren sind, besitzen ein sehr gutes Fingerspitzengefühl und bringen eine ausgeprägte Intuition mit in dieses Leben.

Josefs Geburtsdatum beinhaltet auch die Ebene des Saturn, d.h. die freie Ebene 4–5–6. Dies bedeutet, dass er sich das Leben schwerer machen wird als nötig, und dass es Aufgabe der Eltern ist, ihm über diese Hürde zu helfen. Sie sollten ihn im späteren Leben darauf hinweisen, dass er diese Veranlagung besitzt, damit er bewusster und gezielter mit ihr umgehen kann.

Josef hat ferner eine Ebene, die es das letzte Mal von 1800 bis 1888 gab, die freie Ebene 3–6–9 (Ebene der Inspiration). Ich glaube, es wird in unserem Jahrhundert wieder wichtig sein, sich in Ruhe Gedanken zu machen und sich von Neuem inspirieren zu lassen, ohne immer sofort einen kommerziellen Nutzen daraus ziehen zu wollen. In den vergangenen Jahrhunderten wurden viele Entdeckungen um ihrer selbst willen gemacht, während wir im letzten Jahrhundert (1900 bis 1999) überwiegend ihren kommerziellen Wert im Auge hatten. Die 9 steht für Analyse; im letzten Jahrhundert hieß das gewöhnlich: Wir sehen uns etwas an, finden heraus, wie es funktioniert, und verbessern es. Doch die Fähigkeit der Analyse, die uns allen geläufig war, wird bei vielen Menschen im neuen Jahrtausend nicht mehr unbedingt vorhanden sein, und da wir neue Welten kennen lernen wollen, brauchen wir auch wieder Menschen, die die Geduld mitbringen, diese neuen Grenzen zu erforschen.

Der Konflikt, der aus Josefs Geburtsdatum herauszulesen ist, besteht zwischen der 1, dem Ich, und der sehr starken 2, dem Wir. Ich denke, dass der Einfluss der 2 in diesem Fall überwiegen wird, da im Jahr 2000 die 2 dank der drei nachfolgenden Nullen sehr stark war. Es wird trotzdem ein inneres Tauziehen bleiben zwischen dem Alleinseinwollen und dem Zu-zweit-sein-Müssen.

Die Lebensnummer 4 macht Josef trotz aller intuitiven und logischen Fähigkeiten zu einem praktischen Menschen. Es fehlt ihm möglicherweise die notwendige Ausdauer (fehlende 5), um seine Ziele zu erreichen, zumal ihm seine Eltern bei der Namengebung keinen großen Gefallen getan haben. Sie gaben ihm die Seelen- und Motivationszahl 1 und die Ausdrucks- und Talentzahl 8. Das heißt, er wird sich immer nur für eine Sache interessieren und diese auch entschlossen durchziehen, obwohl er vielschichtiger sein könnte aufgrund der Ausdrucks- und Talentzahl 8. Dies wird immer wieder eine Quelle der Unzufriedenheit sein und ihm ein Gefühl der Unzulänglichkeit bescheren.

Der Lebensweg mit dem Einfluss der Dachzahlen beginnt bei Josef Maximilian Meinrad mit 32 Jahren (Meisterzahl 36 – Lebensnummer 4) und der Zahl 11 – eine sehr sensible und eventuell auch verunsichernde Zeit, die ihm viel abverlangen wird.

Mit 41 Jahren wird es etwas unruhiger in seinem Leben, und er wird sich mit der spontanen 5 auseinander setzen müssen, die so gar nicht seinem Naturell entspricht.

Mit 50 Jahren wechselt der Einfluss der Dachzahl: Jetzt ist es die 7, die ihn an seine früheren Fehlentscheidungen erinnern wird und die Chance eröffnet, sie zu korrigieren. Möglicherweise wird er sich auch spirituell neu orientieren.

Mit 59 kommt er unter den Einfluss der Dachzahl 1, mit der in den meisten Fällen eine vollständige Neuorientierung einhergeht, die ihn auch einsamer machen kann und eine neue Zielstrebigkeit mit sich bringt.

Register

Impressum

Über die Autorin

Eleonore Jacobi († 2007) beschäftigte sich mit sämtlichen Themen aus dem Bereich der Esoterik und interessierte sich in ihrer Freizeit auch für Reisen und Archäologie. Ihre numerologischen Deutungen erschienen in zahlreichen Magazinen.

Hinweis

Das vorliegende Buch ist sorgfältig erarbeitet worden. Dennoch erfolgen alle Angaben ohne Gewähr. Weder Autorin noch Verlag können für eventuelle Schäden, die aus den im Buch gemachten Hinweisen resultieren, eine Haftung übernehmen.

Literatur

Stein, Robin: The Numbers of Love. Penguin Books Australia Ltd. 1990

Line, Julie: The Numerology Workbook; Understanding and using the Power of Numbers. The Aquarian Press 1985

Koelmeyer, Neil/Kolecki, Ursula: Secrets in your Name. Angus & Robertson Publishers, Australia 1988

Phillips, Dr. David A.: Secrets of the Inner Self; The Complete Book of Numerology. Angus & Robertson Publishers, Australia 1980

Goodwin, Matthew Oliver: Numerology; The Complete Guide. A Newcastle Book 1981

Jacobi, Eleonore: Das Prexisbuch Numerologie. Südwest Verlag, München 2005

Bildnachweis

Gettyone Stone, München: 16 (Chuck Keeler), 55 (Stuart Westmorland), 69 (Brian Bailey), 84 (Nello Giambi); Image Bank, München: 11 (D. Sarraute), 21 (David Paul Prod.), 26 (Terje Rakke), 54 (Cralle Macui), 61 (Britt Erlanson), 71 (Marc Romanelli), 75 (David de Lossy), 81 (Regine M.); Alle Illustrationen stammen von Roger Kausch

Impressum

DTP/Satz: Mihriye Yücel

Umschlaggestaltung und Konzeption:
R.M.E. Eschlbeck/Kreuzer/Botzenhart

Druck und Bindung:
Druckerei Uhl, Radolfzell

Gedruckt auf chlor- und säurearmem Papier

Printed in Germany

ISBN 978-3-517-06845-9

817 2635 44